HERMENÉUTICA
Bíblica

CONSEJOS PRÁCTICOS PARA COMPRENDER
LA BIBLIA SIN MORIR EN EL INTENTO

PEPE MENDOZA

EDITORIAL CLIE
C/ Ferrocarril, 8
08232 VILADECAVALLS
(Barcelona) ESPAÑA
E-mail: clie@clie.es
http://www.clie.es

© 2025 por José A. Mendoza Sidia

«Cualquier forma de reproducción, distribución, comunicación pública o transformación de esta obra solo puede ser realizada con la autorización de sus titulares, salvo excepción prevista por la ley. Diríjase a CEDRO (Centro Español de Derechos Reprográficos) si necesita fotocopiar o escanear algún fragmento de esta obra (www.cedro.org; 917 021 970 / 932 720 447)».

© 2025 por Editorial CLIE. Todos los derechos reservados.

HERMENÉUTICA BÍBLICA.
Consejos prácticos para comprender la Biblia sin morir en el intento
ISBN: 978-84-19779-64-9
Depósito legal: B 9525-2025
Estudios bíblicos / Exégesis y hermenéutica
REL006400

Impreso en Estados Unidos de América / *Printed in the United States of America*

25 26 27 28 29 30 31 32 33 34 / TRM / 14 13 12 11 10 9 8 7 6 5 4 3 2 1

Acerca del autor

Pepe Mendoza es pastor, maestro, escritor y editor. Autor del libro *Proverbios para necios: Sabiduría sencilla para tiempos* complejos (Vida, 2024), sirve como pastor asociado en la Iglesia Bautista Internacional (IBI) y es Director del Instituto Integridad & Sabiduría en Santo Domingo, República Dominicana. Colabora con el programa hispano del Southern Baptist Theological Seminary y también trabaja como editor de libros y recursos cristianos. Tiene un Doctorado en Ministerio (DMin) del SBTS. Está casado con Erika y tienen una hija, Adriana.

Contenido

Abreviaturas 9
PRÓLOGO 11

INTRODUCCIÓN: El propósito de la interpretación bíblica 19

CAPÍTULO UNO: Definiendo la hermenéutica bíblica 27

CAPÍTULO DOS: La Biblia y la necesidad de interpretarla 39

CAPÍTULO TRES: Dificultades al interpretar la
Biblia (Parte I) 47

CAPÍTULO CUATRO: Dificultades al interpretar la
Biblia (Parte II) 59

CAPÍTULO CINCO: Reglas y pasos básicos de interpretación
bíblica. Interpretando las epístolas 75

CAPÍTULO SEIS: Interpretando la narrativa del Antiguo
y del Nuevo Testamento 83

CAPÍTULO SIETE: Interpretando los Evangelios y
las parábolas 89

CAPÍTULO OCHO: Interpretando la literatura poética 99

CAPÍTULO NUEVE: Interpretando los libros proféticos 113

CAPÍTULO DIEZ: Proceso de estudio práctico de la Biblia 117

CAPÍTULO ONCE: Ejercicio práctico de aplicación
hermenéutica I: la labor individual 123

CAPÍTULO DOCE: Ejercicio práctico de aplicación
   hermenéutica II: la labor corporativa 149

CONCLUSIÓN: La aplicación de la Palabra de Dios a la vida 167

BIBLIOGRAFÍA 179

Abreviaturas

Libros de la Biblia

Antiguo Testamento

Gn	Génesis
Ex	Éxodo
Lv	Levítico
Nm	Números
Dt	Deuteronomio
Jos	Josué
Jc	Jueces
Rt	Rut
1 S	1 Samuel
2 S	2 Samuel
1 R	1 Reyes
2 R	2 Reyes
1 Cr	1 Crónicas
2 Cr	2 Crónicas
Esd	Esdras
Neh	Nehemías
Est	Ester
Jb	Job
Sal	Salmos
Pr	Proverbios
Ec o Qo	Eclesiastés o Qohelet
Ct	Cantares
Is	Isaías
Jr	Jeremías
Lm	Lamentaciones
Ez	Ezequiel
Dn	Daniel
Os	Oseas
Jl	Joel
Am	Amós
Ab	Abdías
Jon	Jonás
Mi	Miqueas
Na	Nahúm
Hab	Habacuc
So	Sofonías
Hag	Hageo
Za	Zacarías
Ml	Malaquías

Nuevo Testamento

Mt	Mateo
Mc	Marcos
Lc	Lucas
Jn	Juan
Hch	Hechos
Rm	Romanos
1 Co	1 Corintios
2 Co	2 Corintios
Gl	Gálatas
Ef	Efesios
Flp	Filipenses
Col	Colosenses

1 Ts	1 Tesalonicenses	1 Pd	1 Pedro
2 Ts	2 Tesalonicenses	2 Pd	2 Pedro
1 Tm	1 Timoteo	1 Jn	1 Juan
2 Tm	2 Timoteo	2 Jn	2 Juan
Tt	Tito	3 Jn	3 Juan
Flm	Filemón	Jd	Judas
Hb	Hebreos	Ap	Apocalipsis
St	Santiago		

PRÓLOGO

Este libro nace de una motivación pastoral, a saber, la preocupación por la escasa cultura o formación hermenéutica del lector común de la Biblia, lo cual da lugar a doctrinas y prácticas que se alejan del mensaje evangélico; obedece a un sano interés pedagógico: enseñar al que no sabe o no se preocupa en saber. «A pesar de la importancia que los cristianos le damos a la Palabra de Dios», nos dice el autor de esta obra, «son muy pocos los que se han preocupado por adquirir las habilidades y dedicar el tiempo necesario para estudiar, entender y aplicar la Palabra de Dios por sí mismos».

El cristiano se funda sobre la Palabra y vive de la Palabra de Dios. No es un deber o una obligación religiosa impuesta por los líderes o maestros de la iglesia; es una relación de amor con el fundador de la misma, causa y fuente de la salvación: «El que me ama, mi palabra guardará; y mi Padre le amará, y vendremos a él, y haremos con él morada» (Jn 14:21). *Guardar* la palabra de Cristo es un mandamiento con promesa: hacerse uno espiritualmente con Jesucristo, el Padre y el Espíritu Santo, quien vivifica la Palabra exterior en el interior de cada cual. *Guardar* la Palabra es aceptarla como camino de vida, de gozo y esperanza. *Guardar* la Palabra es darle vida en la práctica diaria en cuanto seguidores de Cristo. *Guardar* la Palabra es todo esto a nivel práctico y espiritual, pero es también estudiarla, meditarla, entenderla, hacerla propia mediante la reflexión y comprensión que ayudan al cristiano a «tener la mente de Cristo» (1 Co 2:16; Ef 4:23). Cimentado en la Palabra y la mente de Cristo, el creyente puede alcanzar una siempre renovada experiencia de su Salvador y Maestro, al mismo tiempo que su testimonio adquirirá una convicción, densidad y madurez propias de alguien que aprende y tiene comunión con su Señor glorioso. «Los gobernantes, al ver la osadía con que hablaban Pedro y Juan, y al darse cuenta de que eran gente sin estudios ni preparación, quedaron asombrados y *reconocieron que habían estado con Jesús*» (Hch 4:13; énfasis añadido).

El Verbo de Dios que comenzó por ser carne, palabra viva, hablada en plazas y montes, ante multitudes e individuos, llegado el momento se hizo texto, registro escrito de aquellos que fueron testigos y compañeros de la manifestación de aquel Verbo divino.

> Lo que era desde el principio, lo que hemos oído, lo que hemos visto con nuestros ojos, lo que hemos contemplado, y palparon nuestras manos tocante al Verbo de vida (porque la vida fue manifestada, y la hemos visto, y testificamos, y os anunciamos la vida eterna, la cual estaba con el Padre, y se nos manifestó); lo que hemos visto y oído, eso os anunciamos, para que también vosotros tengáis comunión con nosotros; y nuestra comunión verdaderamente es con el Padre, y con su Hijo Jesucristo. Estas cosas os escribimos, para que vuestro gozo sea cumplido. (1 Jn 1:1-4)

El texto bíblico conserva para nosotros, que pertenecemos a las generaciones posteriores a la encarnación del Verbo, el discurso vivo y esencial de Jesucristo, de modo que no estemos en desventaja con respecto a los creyentes de los primeros tiempos que lo escucharon con sus propios oídos y lo tocaron con sus propias manos. El texto escrito no es la palabra viva del Maestro, con su calor y acento personal, pero en cuanto a memoria y registro de lo que fue dicho y hecho por Jesús, pone a nuestra disposición su vida, su obra y su palabra. La Escritura bíblica —el Nuevo Testamento, en cuanto registro de la manifestación del Hijo de Dios, y el Antiguo Testamento, en cuanto testimonio profético de la misma— constituye para nosotros un modo privilegiado de encuentro con la buena palabra salvífica de Cristo. Por eso, dirá uno de los llamados Padres de la Iglesia, «conocer la Escritura es conocer a Cristo, ignorar la Escritura es ignorar a Cristo».[1] Y podemos conectar con la Escritura también lo que León Magno decía sobre la fe: que «tiene el poder de no estar ausente en espíritu de los hechos en que no ha podido estar presente con el cuerpo».[2]

Cristo es el Señor, el Salvador, el Maestro y también el primer exégeta de la Escritura, que es su Palabra. Así lo vivieron sus discípulos

---

[1] San Jerónimo, en su prólogo al *Comentario a Isaías*.
[2] León Magno, *Homilía sobre la Pasión*, 19.

después de que el Maestro les fuera arrebatado por la violencia y la muerte. «Y se decían el uno al otro: ¿No ardía nuestro corazón en nosotros, mientras nos hablaba en el camino, y cuando *nos abría* las Escrituras?» (Lc 24:32; énfasis añadido).

No hay comunicación humana o divina que no esté sometida a la interpretación del receptor. La Escritura santa no es una excepción a esta regla. Leer la Biblia no es leer unívocamente la Palabra de Dios; leer es siempre interpretar, juzgar lo que se lee según los criterios del lector. Nunca es una lectura directa e inmediata, sino mediada por nuestra cultura, nuestra experiencia y nuestra capacidad de comprensión. Sin un mínimo entendimiento de lo que implica el arte de la interpretación o hermenéutica es imposible captar correctamente el mensaje total de la Escritura. Eso es lo que pretende Pepe Mendoza, autor de esta obra: ayudar a todo cristiano a leer, comprender y vivir la Escritura con espíritu, pero también con entendimiento.

El cristianismo ha sido desde el principio un movimiento interpretativo. Lo fue Jesús al respecto de la comprensión de las Escrituras sagradas de Israel de sus contemporáneos, fariseos y doctos de la ley, e incluso con respecto a su propia enseñanza. Como muchos antes que él, Jesús hablaba al pueblo en parábolas, las cuales, según el erudito Joachim Jeremías, por todas partes, tras el texto griego, dejan ver la lengua materna de Jesús.

> Para derramar claridad sobre lo elevado y divino, sobre la naturaleza, sobre las leyes del reino de Dios, para hacer accesibles las cosas celestiales a unos oyentes esclavizados por lo sensible, los transporta Jesús bondadosamente de lo conocido a lo desconocido, de lo vulgar a lo eterno. Con magnanimidad regia toma a su servicio el mundo entero, aun lo que tiene de imperfecto, para vencer al mundo, y lo vence con sus propias armas. No desprecia medio alguno de cuantos puede ofrecerle el lenguaje para hacer penetrar la gracia de Dios en los corazones de los que le escuchaban. (Adolf Jülicher)

Pero sabemos que estas obras maestras de la comunicación imaginativa y popular, que son las parábolas, no fueron entendidas por sus oyentes inmediatos, los cuales estaban dispuestos a desviar todas sus enseñanzas hacia lo material. Lo que quieren es pan que llene sus estómagos y no aspiran a otro reino que a una libertad nacionalista. Humanamente hablando, tuvo que ser una experiencia amarga para Jesús. Solo a sus discípulos, que tenían la misma dificultad que el resto de la población, les explicaba en privado el significado de las mismas (Mc 4:34). Jesús sabía bien que el problema no estaba en las parábolas, sino en el entendimiento de los oyentes, cuyos ojos enceguecidos y oídos endurecidos eran incapaces de ver y oír la verdad.

> Las parábolas son como un castillo inaccesible para quien no ha decidido previamente cruzar su puerta. Todo en ellas es lúcido para quien tenga el corazón limpio; todo oscuro para quien no lo haya antes purificado. Hasta ahora, invitó a entrar en su reino. Ahora, contará cómo es ese reino solo para aquellos que ya decidieron dar ese paso. Los demás viendo no verán, oyendo no entenderán. Así serán cegados los que hayan renunciado a sus ojos. Y las maravillas del reino se abrirán para quienes se atrevan a tenerlos.[3]

Como nos advierte aquí Pepe Mendoza, hay brechas, simas, barreras, que dificultan nuestro entendimiento directo de las Escrituras. Conocerlas es la primera condición para salvarlas. Hay brechas del lenguaje, brechas culturales, brechas históricas, brechas literarias, brechas textuales y brechas intrínsecas del propio lector, «relacionadas con las circunstancias y los prejuicios o preconceptos con los cuales el intérprete arriba al texto que busca interpretar» (cap. 4).

Por consiguiente, lo mejor en todos estos casos es dejarse enseñar, esforzarse por aprender las reglas de la hermenéutica y de la exégesis del texto bíblico. En esta tarea tan sagrada y tan vital sobra la autosuficiencia, que puede degenerar en errores, herejías y cismas, lo cual acarrea mucho dolor para uno mismo y para la iglesia. Fue muy honesta y digna de admiración la respuesta del eunuco al servicio de la reina de Etiopía cuando, preguntado por el evangelista Felipe sobre si entendía lo que estaba leyendo, admitió: «¿Cómo puedo entenderlo, a menos que alguien me explique?» (Hch 8:26-31). El mensaje cristiano siempre se mueve en la cuerda floja de la interpretación.

El apóstol Pedro, discípulo directo del Señor Jesús, no tuvo ningún inconveniente en reconocer que había cosas difíciles de entender en los escritos del apóstol Pablo, pero lejos de desalentar la lectura de los mismos, reprende a «los ignorantes y los débiles en la fe que los

---

[3] Martín Descalzo, J. L. (2001). *Vida y misterio de Jesús de Nazaret*. Sígueme.

tuercen, como tuercen las demás Escrituras, para su propia condenación» (2 Pd 3:16).

Para evitar esta condenación, madre de errores, sectas y dolores, es del todo necesario prestar atención al estudio de obras como la presente que, sin ser una obra de carácter académico para estudio en los seminarios —aunque sea también técnica—, es una obra práctica para todos y cada uno de los lectores de la Biblia. Dice el autor que su trabajo consiste en una serie de «consejos prácticos para comprender la Biblia»; sí, *consejos*, pero consejos bien estudiados y razonados a la luz de una materia tan importante y delicada. Una manera práctica e inteligente de introducirnos en la hermenéutica, bien distinta de esos textos cargados de elementos filológicos y críticos que podrían desalentarnos de entrar en el arte de la interpretación.

En nuestros medios evangélicos está muy extendida la creencia de que cualquiera puede interpretar la Biblia por sí mismo amparado en el principio protestante del *libre examen*. No hay duda de que el creyente se comunica con Dios por medio de la lectura de su Palabra, mediante la que no solo es edificado espiritualmente, sino que recibe inspiración para moverse en la vida en calidad de discípulo de Cristo. Como cristianos herederos de la Reforma del siglo XVI creemos que la Biblia es clara en su mensaje para toda persona, pues Dios la ha elegido como medio de revelación a toda criatura. Es lo que en teología se denomina *perspicuidad* de la Escritura,[4] palabra desacostumbrada y de difícil pronunciación solo apta para los perspicaces. Bástenos saber que la Biblia es clara, llana, suficiente, comprensible y hasta transparente, si no fuese por lo que sabemos de la lectura retorcida. En las grandes confesiones de fe reformadas se afirma lo siguiente:

> Las cosas contenidas en las Escrituras, no todas son igualmente claras ni se entienden con la misma facilidad por todos (2 Pd 3:16); sin embargo, las cosas que necesariamente deben saberse, creerse y guardarse para conseguir la salvación, se proponen y declaran en uno u otro lugar de las Escrituras, de tal manera que no solo los eruditos, sino aun los que no lo son, pueden adquirir un conocimiento

---

[4] Véase Mendoza, P. (16 de noviembre de 2017). "La perspicuidad de las Escrituras". *Coalición por el evangelio*. https://www.coalicionporelevangelio.org/articulo/la-perspicuidad-las-escrituras/

suficiente de tales cosas por el debido uso de los medios ordinarios (Salmo 119:105, 130).[5]

Asentado el principio de *claridad* de la Escritura, es conveniente advertir que esa claridad le es propia a ella, no a nosotros. Todo cristiano, aun después de haber sido regenerado por el Espíritu y la Palabra, mantiene en su mente formas, costumbres y vicios cuya erradicación es una labor de toda la vida. Para leer y estudiar la Biblia dejando que Dios sea Dios en su Palabra y por su Palabra, es del todo necesaria una pedagogía moral, espiritual e intelectual que nos prepare interior y exteriormente para el milagro de la captación del mensaje divino, la cual comienza por una ascética rigurosa de escucha humilde, hasta el punto de la negación del ego: «Habla Señor, que tu siervo escucha» (1 S 3:10). Esto vale tanto para eruditos como indoctos. En muchos casos, la lectura de la Escritura y la interpretación privada de la misma ha llevado a lecturas subjetivas, caprichosas, arrogantes, que trastornan el sentido de la revelación divina conforme al sentido deseado del lector. Hay que estar prevenidos ante semejantes vicios.

¿Promovieron los reformadores el desenfreno hermenéutico con su principio del libre examen?, se pregunta R. C. Sproul. Ni mucho menos, y añade:

> Los reformadores también se preocupaban por las formas y los medios de controlar la anarquía mental. Esta es una de las razones por las que trabajaron tan arduamente para delinear los principios sólidos de la interpretación bíblica como un dique a la interpretación extravagante o sin sentido de las Escrituras.[6]

El libre examen es el derecho de todo creyente a cotejar con la Escritura en la mano lo que sus predicadores le están enseñando, si se ajusta o no al texto bíblico que proclaman. De ahí la buena costumbre de seguir la predicación con la Biblia abierta, prestando atención a los textos que se citan. Sin perder de vista nunca esto, que la autoridad última en la iglesia es la Biblia, en cuanto Palabra de Dios para su pueblo, nadie tiene el derecho de interpretarla según sus propias conveniencias o inclinaciones doctrinales o morales. Los pastores, los predicadores, los

---

[5] Confesión de fe de Westminster, I, 7.
[6] Sproul, R. C. (1996). *Cómo estudiar e interpretar la Biblia*. Unilit, p. 34.

teólogos, los maestros son ministros, siervos al servicio del pueblo de Dios en su voluntad sincera de conocer más y mejor la revelación que Dios le ha otorgado para así llevar una vida más realizada, más plena y agradable a Dios. Aunque solo los primeros están llamados, y obligados por su vocación, a procurarse una formación sólida y académica en el estudio de la Biblia, también los creyentes ordinarios, aquellos que aman y suspiran por la Palabra de Dios, tienen que buscar la mejor manera de formarse en el arte de la interpretación bíblica —adaptada a sus necesidades—, de modo que sean

> plenamente capaces de comprender con todos los santos cuál sea la anchura, la longitud, la profundidad y la altura, y de conocer el amor de Cristo, que excede a todo conocimiento, para que sean llenos de toda la plenitud de Dios. (Ef 3:18, 19)

Para unos y otros, ministros y creyentes por igual, esta obra les será de mucha ayuda, pues el fin de todo estudio, de cualquier logro académico, de conocimiento y sabiduría obedece a una sola y única intención o motivo práctico: ayudarnos a vivir. Si no nos sirve para vivir mejor, no nos sirve para nada. Tiempo y esfuerzo perdidos. Esto es más o menos lo que viene a decir Pepe Mendoza en la conclusión de su obra:

> ¿Entiendo el texto? ¿Me entiendo a la luz del texto? Ahora, ¿qué debo hacer? Qué debo hacer no en términos del resto de mi vida, sino en términos de qué es lo que debo hacer ahora, mañana, pasado, en la iglesia, con mis amigos, con mis compañeros de trabajo, conmigo mismo, qué cambios debo realizar, qué giros debo dar en mi existencia, detalles, grandes cosas, pecados por arrepentirme, situaciones por enfrentar, logros por alcanzar, llamados de Dios por obedecer.

Alfonso Ropero
8 de enero de 2024

INTRODUCCIÓN
El propósito de la interpretación bíblica

El objetivo fundamental de este libro es proveer reglas, principios y herramientas que faciliten el estudio, el entendimiento y la aplicación de las verdades de la Biblia tanto a nivel personal como grupal. Este proceso metódico y sistemático es técnicamente llamado *hermenéutica* por los estudiosos de la Biblia.

    A pesar de la importancia que los cristianos le damos a la Palabra de Dios, son muy pocos los que se han preocupado por adquirir las habilidades y dedicar el tiempo necesario para estudiar, entender y aplicar la Palabra de Dios por sí mismos. Es posible que algunos sean capaces de repetir y usar algunos conceptos y definiciones teológicas o doctrinales que han sido tomados de la Biblia, pero es probable que no sepan cómo extraer esas definiciones y conceptos de la Palabra de Dios por sí mismos. Los cristianos no le estamos dando la importancia requerida al estudio de la misma Palabra, a pesar de que el Señor ha sido muy claro en cuanto a lo exigente que él es en todo lo referente a la lectura, conocimiento y entendimiento de su Palabra por parte de su pueblo. Una gran mayoría de todos los errores doctrinales que se han difundido en la historia del cristianismo y que hasta hoy se siguen compartiendo son consecuencia de la débil y errónea interpretación bíblica de personas que no se han ejercitado en desarrollar un estudio sistemático de la Palabra de Dios y que han terminado enseñando lo que la Biblia en realidad no enseña, tratando de aplicar en sus vidas lo que solo conocen sin mayor profundidad. Por eso, lo primero que haré será demostrar por qué es necesario aprender a estudiar y entender la Biblia con cuidado, regularidad y fidelidad.

    Comenzaré reflexionando en las siguientes palabras que Pablo le dijo a su discípulo Timoteo: «Procura con diligencia presentarte ante Dios aprobado, como obrero que no tiene de qué avergonzarse, que maneja con precisión la palabra de verdad» (2 Tm 2:15). Es indudable que el apóstol Pablo valoraba profundamente las Escrituras. Su absoluto respeto por «la palabra de verdad» le hacía acentuar la necesidad de que los siervos de Dios puedan ser personas altamente responsables durante el proceso de extracción, proclamación y aplicación de la verdad divina. El consejo de Pablo llegó en el momento en que Timoteo estaba enfrentando serios problemas en la iglesia de Éfeso debido a ciertas discusiones doctrinales que estaban ahogando la espiritualidad de la iglesia (1 Tm 1:3-7; 4:7; 6:3-5).

Pablo contrasta al verdadero obrero que sabe interpretar la Palabra de Dios con aquellos que simplemente contienden «sobre palabras, lo cual para nada aprovecha y lleva a los oyentes a la ruina» (2 Tm 2:14). Aquellos creyentes que no se preocupan por tener una correcta interpretación de la verdad bíblica convierten toda discusión en «palabrerías vacías y profanas» y llegan a ser personas «que se han desviado de la verdad» (2 Tm 2:16a, 18a). Esa es la razón por la que todo intérprete fiel debe preocuparse por descubrir la perfección y el brillo de la Palabra. Eso requiere, como dice Richard Mayhue, que «nosotros no tengamos que alterar las Escrituras para que armonicen con la verdad; en vez de eso, nosotros debemos entender que las Escrituras deben producir un cambio en nosotros y en nuestra manera de vivir acorde a la Palabra de Dios».[7]

Si alguien quiere llegar a ser un obrero aprobado y no pasar vergüenza, no delante de los hombres, sino delante de Dios, entonces debe «manejar con precisión la palabra de verdad». La palabra que se traduce como "precisión" viene de la raíz griega *orthotomeo*,[8] que significa "cortar derecho". Pablo le dice a su discípulo que es de absoluta importancia que cuando estudie la Biblia y tenga que presentarse con su interpretación, nuevamente, no delante de los hombres, sino delante de Dios, no lo debe hacer nunca de una manera superficial. Por el contrario, debe estudiarla de tal manera que pueda estar seguro de que la está "cortando" sin desviarse, sin torcer la verdad.

Podríamos preguntarnos cuántas veces un cristiano que quiere exponer un texto delante de otras personas se ha preguntado si el Señor

---

[7] Mayhue, 1994, p. 17.

[8] Ὀρθοτομέω. Aunque la idea inicial es la de un "corte derecho" como con una tijera sobre el papel, sin embargo, el uso de la palabra tiende a pasar de la mera esfera física a la moral, dando a entender la idea de usar con rectitud o precisión. Véase Hendriksen, 1979, p. 297 y ss.

está atento a su interpretación y si está manejando con precisión el texto que piensa exponer, porque si no está buscando la precisión con esfuerzo y dedicación, entonces no recibirá la aprobación de Dios. Un cristiano no está llamado a exponer sus propias ideas, sino a anunciar con fidelidad el mensaje de la Palabra de Dios. El pueblo de Dios anuncia las buenas nuevas como un mensajero que no está inventando o acomodando un mensaje, sino que es fiel en entregarlo tal como fue dicho por sus autores. De allí que la capacidad de interpretar el texto con precisión sea parte de la evaluación divina con la que el Señor nos considera o deja de considerar como siervos competentes.

Por lo tanto, la importancia de la hermenéutica no radica en la posibilidad de adquirir conocimientos teológicos, pasar un examen, impresionar a otras personas con nuestros conocimientos o predicar o enseñar con elocuencia. *El propósito de la hermenéutica es ayudarnos a conocer a Dios más íntimamente para poder amarlo por encima de todas las cosas y llegar a saber con claridad lo que espera de nosotros y que así podamos serle fieles y obedientes.* Graeme Goldsworthy expresa esta misma idea con las siguientes palabras:

> Para nosotros los evangélicos, el propósito principal para leer y entender la Biblia es conocer a Dios y su voluntad para nuestras vidas. Creemos que solo si conocemos a Dios podremos realmente conocernos a nosotros mismos y conocer el verdadero significado de la vida.[9]

Cuando un cristiano no conoce al Señor correctamente, es decir, conforme a la revelación que Él ha dejado de sí mismo, su carácter, sus obras y su plan perfecto, tampoco puede amarlo con intensidad, porque toda su grandeza y misericordia le son desconocidas o su conocimiento es tan superficial que se desvanece con el cambio de las circunstancias. Tampoco podrá serle fiel y obediente porque desconoce lo que su Dios espera de él. Existe una relación directa entre el grado de conocimiento que tenemos de Dios y nuestro amor para con Él que se manifiesta en nuestra obediencia a sus mandamientos. Eso es justamente lo que la ley demandaba en el Antiguo Testamento: «Amarás, pues, al Señor tu Dios, y guardarás siempre sus mandatos, sus estatutos, sus ordenanzas y sus mandamientos» (Dt 11:1). La manera en que demostramos que

---

[9] Goldsworthy, 2010, p. 16.

amamos a Dios es guardando sus mandamientos, y eso es justamente lo que Jesús les dijo a sus discípulos en el Nuevo Testamento: «Si ustedes me aman, guardarán mis mandamientos» (Jn 14:15). Pero ¿cómo voy a amarlo si solo conozco sus palabras superficialmente? ¿Cómo voy a conocerlo bien para poder amarlo con todo el corazón si solo tengo un entendimiento básico de sus palabras? Lo que estoy tratando de decir es que la hermenéutica bíblica no tiene un propósito meramente intelectual o académico, sino que se fundamenta en el deseo de conocer a nuestro buen Señor, crecer espiritualmente, ser cada vez más obedientes y servirlo más fervientemente; por lo tanto, tener la «determinación personal de buscar y hacer la voluntad de Dios, y estos son los grandes prerrequisitos para un verdadero entendimiento de la Biblia».[10]

La importancia del estudio sistemático de la Biblia

Sabemos que tenemos un Dios eterno que habita en las alturas y que se ha comunicado con individuos finitos a través del lenguaje humano y limitado. Estas variables no hacen del mensaje bíblico algo ininteligible,[11] pero sí nos generan la necesidad de estudiar la Palabra con diligencia a fin de poder entender plenamente lo que Dios ha tratado de comunicarnos. Martínez expone cómo la hermenéutica puede ayudarnos a sortear esa dificultad de la siguiente manera:

> A menudo hay pensamientos que apenas hallan expresión adecuada mediante palabras. Tal es el caso, por ejemplo, de la esfera religiosa. Por otro lado, las complejidades del lenguaje frecuentemente conducen a conclusiones diferentes y aun contrapuestas en lo que respecta al significado de un texto. El camino a recorrer entre el lector y el pensamiento del autor suele ser largo e intrincado. Ello muestra la conveniencia de usar todos los medios a nuestro alcance

---

[10] Kaiser & Silva, 2007, p. 26.

[11] Una de las más importantes afirmaciones de la Reforma fue que las Escrituras son esencialmente claras. «Esto significa que, a pesar de las muchas y variadas interpretaciones sobre ciertos detalles, y a pesar de muchos textos difíciles, el creyente humilde no debería perderse en su lectura del mensaje esencial de la Biblia, y también que el alimento espiritual será entregado tanto para el joven como el anciano, el simple o el sofisticado» (Goldsworthy, 2010, p. 17).

para llegar a la meta propuesta. La provisión de esos medios es el propósito básico de la hermenéutica.[12]

Es por eso que una de las primeras razones para el estudio de la hermenéutica es que *el conocimiento preciso de la Palabra de Dios es indispensable para poder crecer espiritualmente*. El apóstol Pedro fue muy enfático al decir: «Deseen como niños recién nacidos la leche pura de la palabra, para que por ella crezcan para salvación» (1 Pd 2:2). Mi crecimiento depende del consumo de esa "leche" que, en este caso, Pedro está usando como un símbolo para la Palabra de Dios.

Seguiré usando la ilustración de Pedro para preguntarnos qué ocurriría si siendo todavía bebés espirituales tomásemos leche recién ordeñada, es decir, sin procesar y con todo su contenido de grasa. Por ejemplo, si le diésemos leche entera de vaca a un niño de un mes (que todavía no tiene las enzimas[13] desarrolladas), lo más seguro es que sufriera una descomposición estomacal y se deshidratase. Si usamos esta realidad médica como una analogía para el terreno espiritual, podríamos inferir que cuando estudiamos la Palabra y no la podemos digerir es porque no hemos desarrollado las "enzimas" espirituales para poder hacerlo. En lugar de ser alimentados por la Palabra, esta nos termina cayendo mal. ¿Qué es lo que quiero decir con esto de que nos cae mal? Pues que ese "malestar" se manifiesta cuando nuestro débil y enredado conocimiento de la Palabra no produce un verdadero crecimiento espiritual que nos lleve a parecernos cada día más a nuestro Señor Jesucristo. Por el contrario, lo que producimos es frustración porque pareciera que la madurez que tanto anhelamos tarda mucho en llegar.

Si un bebé es muy delicado como para tomar leche entera, eso no significa que deberá pasar el resto de su vida siendo un infante. Lo que tiene que hacer es madurar. Siguiendo con la misma analogía del crecimiento y la leche, ahora nos encontramos con otra exhortación en la carta a los Hebreos:

> Pues aunque ya debieran ser maestros, otra vez tienen necesidad de que alguien les enseñe los principios elementales de los oráculos de

---

[12] Martínez, 2013a, p. 16.
[13] Una enzima es cualquiera de las proteínas producidas por el cuerpo y que funcionan como iniciadores de los procesos fisiológicos que garantizan un buen funcionamiento del cuerpo.

Dios, y han llegado a tener necesidad de leche y no de alimento sólido. Porque todo el que toma solo leche, no está acostumbrado a la palabra de justicia, porque es niño. Pero el alimento sólido es para los adultos, los cuales por la práctica tienen los sentidos ejercitados para discernir el bien y el mal. (Hb 5:12-14)

Aquí está entonces una segunda razón para el estudio de la hermenéutica: *es esencial para que crezcamos y así poder ir alcanzando la madurez.*

El autor de Hebreos nos está diciendo que hay un grupo de cristianos en su congregación a los que otra vez hay que hablarles de las mismas cosas elementales que ya escucharon, cuando en realidad ya debieran ser maestros de la Palabra. El problema radica en que se limitaron a quedarse en la superficie y sin madurar, por lo que comenzaron silenciosamente a empequeñecerse en vez de crecer. El detalle interesante de todo esto es que el alimento sólido es solamente para los adultos, que se caracterizan porque «a fuerza de práctica están capacitados para distinguir entre lo bueno y lo malo» (NTV). Esta habilidad para discernir lo bueno y lo malo, lo correcto y lo incorrecto, lo que debo hacer o no, está directamente relacionada con cuánto alimento sólido lleno de nutrientes de la Palabra puedo consumir, y no simplemente quedarme con el alimento triturado o la leche infantil.

La razón por la que muchos hijos de Dios no tienen «los sentidos ejercitados» para discernir lo que deben hacer de lo que no deben hacer es porque ellos no tienen un entendimiento profundo de la verdad de Dios, y eso es producto precisamente de la falta de un estudio cuidadoso y exigente de la Palabra. Así como un ser humano no puede pasarse el resto de su vida tomando leche y siendo un bebé, tampoco existe la opción de pasarse el resto de su vida como un niño espiritual, repitiendo una y otra vez los principios elementales de la Palabra de Dios. La inmadurez permanente no es sinónimo de humildad espiritual (como algunos equivocadamente piensan) ni tampoco una opción válida en el cristianismo.

Todo lo que he dicho anteriormente está conectado con la tercera razón para el estudio de la hermenéutica: *si queremos trabajar para Dios, obrar para Dios, enseñar para Dios, necesitamos estar bien equipados, y la única manera de lograrlo es entendiendo su Palabra correctamente para así poder aplicarla apropiadamente.* Pablo no dudó en enseñarle a Timoteo los principios de la vida cristiana con claridad meridiana. Refiriéndose al valor de la Palabra de Dios, le dijo a su discípulo: «Toda Escritura es inspirada por Dios y útil para enseñar, para reprender, para corregir, para instruir en justicia, a fin de que el hombre de Dios sea perfecto, equipado para toda buena obra» (2 Tm 3:16, 17). La Palabra de Dios sigue siendo actual, dinámica y certera como norma de conducta vital para los cristianos, sin distinción, del siglo XXI. Estudiar el mensaje de la Biblia es tener claridad con respecto a un pasado, presente y futuro que el Señor ha previsto y sigue teniendo fuertemente asido en sus propias manos. Esto lo confirmamos en la seguridad de un Dios que se mantuvo inalterable en el pasado, sigue siendo el mismo en el presente y ha dejado en claro su poder soberano sobre el futuro. El poder de las Escrituras para efectuar un cambio profundo en el corazón de los creyentes sigue vigente. Una correcta hermenéutica guiada por el Espíritu Santo enseñará, reprenderá, corregirá e instruirá al creyente hasta que llegue a ser como el Señor Jesucristo y esté preparado para toda buena obra.

Ignorar o menospreciar las Escrituras es perder de vista el corazón de Dios que late con fuerza por la santificación de su pueblo. Es también desconocer el remedio provisto por Dios para solucionar los males humanos. ¿Cuál es el propósito de Dios al dejar su Palabra revelada a la humanidad? Ya vimos lo que el apóstol Pablo le dijo a Timoteo. El tan mentado amor de Dios no es en el cristianismo una expresión sentimental vacía y sin significado en el presente. Es más bien la ferviente intención del Creador de guiarnos hacia la verdadera libertad: la del ejercicio de la verdad.

CAPÍTULO UNO
Definiendo la hermenéutica bíblica

Ha llegado el momento de definir el término *hermenéutica*. ¿Cuál es el origen de esta palabra tan extraña y que no forma parte de nuestro vocabulario habitual? Muchas de las palabras que comúnmente usamos en nuestra vida diaria tienen su origen en el contexto del mundo pagano latino o griego. Por ejemplo, si pensamos en el origen de los nombres de los días de la semana, nos daremos cuenta de que han sido formulados como una dedicación a algunos planetas y astros del firmamento: Luna (lunes), Marte (martes), Mercurio (miércoles), Júpiter (jueves), Venus (viernes), Saturno (sábado).  De la misma manera, la palabra *hermenéutica* también tiene un origen pagano, ya que deriva de Hermes, el dios pagano inventor de la escritura y del lenguaje, y el mensajero de los dioses.

La palabra griega *hermeneuo*[14] en el Nuevo Testamento manifiesta la idea de «explicar» (Hb 5:11), «traducir» (Jn 1:38) o «interpretar» (1 Co 12:10). La hermenéutica, entonces, busca determinar el significado de las palabras mediante las cuales se expresa un pensamiento. De manera estricta, *la hermenéutica tiene por objeto fijar los principios y normas que han de aplicarse en la interpretación de los libros de la Biblia.*

---

[14] Ἑρμηνεύω.

Un término sinónimo para hermenéutica es *exégesis* (*exegeomai*),[15] que significa «dar a conocer» (Jn 1:18), «contar» (Lc 24:35), «explicar» (Hch 10:8) o «relatar» (Hch 15:12, 14). Mientras la hermenéutica provee las reglas y las herramientas para interpretar, *la exégesis denota el proceso práctico y finalmente el resultado final de la interpretación*. Walter Kaiser Jr. junta estos dos términos señalando que, «tradicionalmente, exégesis y hermenéutica están enfocadas en el texto mismo en un esfuerzo por determinar lo que el texto dijo y significó en su propia intención original».[16] El mismo autor finalmente resume ambos términos de la siguiente manera:

> Por lo tanto, mientras la hermenéutica busca describir los principios y las reglas especiales y generales que son útiles para acercarse al texto bíblico, la exégesis busca identificar la única intención-verdad de cada frase individual, cláusulas y oraciones que conforman el pensamiento de los párrafos, secciones y, finalmente, de libros enteros. De la misma manera, la hermenéutica podría ser reconocida como la teoría que guía la exégesis; la exégesis podría ser entendida en su trabajo para ser la práctica y el grupo de procedimientos para descubrir el significado que el autor propuso originalmente.[17]

Como ya he mencionado, la hermenéutica es la ciencia que estudia las diferentes reglas que fijan los principios de interpretación de la Biblia. Aunque puede sonar como una palabra muy técnica, los cristianos hacemos hermenéutica permanentemente en nuestro intento por comunicarnos unos con otros. Desde que los padres empiezan a educar y a enseñarles a hablar a sus hijos, están haciendo hermenéutica con ellos al instruirlos en las reglas de comunicación y el significado de las palabras. Los niños van aprendiendo de sus padres el lenguaje y las maneras de interpretación en que se usan las diferentes palabras de acuerdo con sus diferentes contextos. Por supuesto que ningún padre anda

---

[15] Ἐξηγέομαι.

[16] Kaiser, 1998, p. 44.

[17] Kaiser, 1998, p. 47. Fee y Stuart explican de una manera diferente la relación entre ambos términos de la siguiente manera: «Así la tarea de interpretar remite al estudiante/lector en dos niveles. Primero, uno tiene que oír la Palabra que ellos oyeron; tú debes tratar de entender lo que les fue dicho *entonces* y *allí* (exégesis). Segundo, debes aprender a oír esa misma palabra en el *aquí* y *ahora* (hermenéutica)» (Fee & Stuart, 2007, p. 23).

diciéndole a su hijo pequeño «esta regla se llama esto y esta otra regla aquello», pero aun sin nombrar la teoría o conocerla directamente, están haciendo hermenéutica en el momento de introducir a sus hijos en el mundo de la comunicación de las palabras y sus significados.

Un ejemplo del uso práctico de la hermenéutica lo encontramos en el relato del encuentro de Jesús con los discípulos en el camino a Emaús. Durante la conversación, Jesús, «comenzando por Moisés y continuando con todos los profetas, les explicó lo referente a él en todas las Escrituras» (Lc 24:27). El Señor estaba haciendo hermenéutica al explicarles lo que ellos todavía no habían entendido (a pesar de que esos textos no les eran desconocidos). ¿Por qué ellos no entendían lo que Moisés había escrito? La primera razón y la más importante es porque necesitaban la iluminación del Espíritu para poder entender las Escrituras. Pero también es necesario notar que muchas de las interpretaciones (y las supuestas aplicaciones prácticas derivadas de ellas) recibidas de sus autoridades religiosas distaban muchísimo del sentido original de los textos referentes al Mesías. No en vano Jesús los llama «insensatos y tardos de corazón» (Lc 24:25), por no conocer que «era necesario que el Cristo padeciera todas estas cosas y entrara en su gloria» (Lc 24:26). Jesús, al usar una hermenéutica saludable, pudo «abrirles» las Escrituras a estos discípulos que carecían del entendimiento para poder interpretar los sucesos que acababan de vivir y que no podían relacionar con las Escrituras (Lc 24:31).

Otro ejemplo que muestra el uso de la hermenéutica y la exégesis por parte de Jesús lo encontramos en la forma en que cuidadosamente explicó la parábola del sembrador a los discípulos cuando no pudieron entender su significado (Lc 8:4-15). Jesús interpretó el lenguaje simbólico de los distintos tipos de tierra como las diferentes clases de personas que son expuestas a la Palabra (ilustrada como la semilla). Jesús tuvo que hacer exégesis de la parábola porque ellos no la entendían, y eso es justamente lo que debemos seguir haciendo hoy con toda la Palabra de Dios. En el pasaje de Lucas, los discípulos querían entender la parábola, pero no podían encontrar su significado. ¿Cómo podían saber ellos que la semilla simbolizaba la Palabra de Dios? ¿Cómo podían saberlo si Jesús no les hacía una exégesis de la parábola? Hoy en día, esa misma intención exegética por parte del pueblo de Dios ha generado un cierto número de reglas, normas y principios que nos ayudarán a entender lo que es, por ejemplo, una parábola y cómo debemos estudiarla hasta llegar al sentido original que Jesús tuvo al relatarla.

En contraposición a la exégesis se encuentra la *eiségesis*.[18] Mientras la exégesis intenta encontrar la interpretación correcta y objetiva del texto bíblico, la eiségesis busca que el texto diga lo que el intérprete, *a priori* y subjetivamente, está interesado en que diga. Justamente los prefijos *ex-* (ἐξ) y *eis-* (εἰσ) muestran la oposición de objetivos en ambos términos. El primero busca "extraer" el significado del texto, mientras que el segundo intenta "introducir" o "imponer" un significado ajeno al texto.

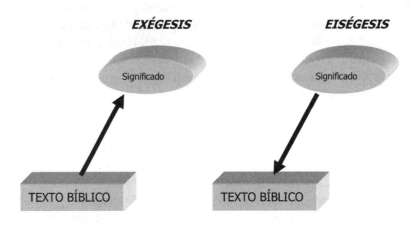

Uno de los mayores problemas de la iglesia contemporánea radica en que muchos de sus pastores y maestros, ignorando el valor y el cuidadoso proceso exegético que permite desentrañar la verdad del texto bíblico, están haciendo una eiségesis que produce afirmaciones que ni remotamente podrían derivarse del texto citado. Aunque este problema podría ser producto de la falta de instrucción de parte de los ministros, también es cierto que hay una considerable falta de respeto y reconocimiento del carácter autoritativo y definitivo de la Biblia. Muchos terminan acercándose al texto bíblico con una agenda predeterminada que es producto de sus búsquedas personales, sus percepciones y presunciones, su religiosidad, tradiciones, prejuicios, interrogantes y falta de entendimiento. Al final, el intérprete no se sujeta al mensaje del texto bíblico, sino que simplemente lo usa como una plataforma para justificar sus propios puntos de vista. Estas opiniones desconectadas del

---

[18] Εἰσηγεῖσθαι.

texto bíblico son, lamentablemente, los mensajes más populares y más difundidos entre nuestras iglesias en la actualidad.

Pondré algunos ejemplos para mostrar lo conflictivo y destructivo de una interpretación eisegética. Proverbios 6:2 dice: «Si te has enredado con las palabras de tu boca, si con las palabras de tu boca has sido atrapado...». Este pasaje es usado muy popularmente para señalar que en toda palabra que se pronuncia hay poder y que, por lo tanto, se debe tener cuidado con lo que se dice porque es posible quedar atrapado en las propias palabras. De allí que si alguien le dijera a otro: «¡Podrías tener un accidente mañana, pero Dios no lo permita!», rápidamente la otra persona contestaría: «¡Ay, no, no, no lo recibo!», como si hubiera un poder casi mágico en las palabras pronunciadas. Esto es eiségesis popular. Este texto citado de manera incompleta no tiene nada que ver con esa supuesta interpretación. Simplemente mirando el contexto inmediato del pasaje —y esto es una regla hermenéutica básica— nos daremos cuenta casi de inmediato de la intención original del texto:

> Hijo mío, si has salido fiador por tu prójimo,
> *si* has dado promesa a un extraño,
> *si* te has enredado con las palabras de tu boca,
> *si* con las palabras de tu boca has sido atrapado,
> haz esto ahora, hijo mío, y líbrate,
> ya que has caído en la mano de tu prójimo:
> ve, humíllate e importuna a tu prójimo. (Pr 6:1-3; énfasis añadido)

¿Quién queda «atrapado» en el contexto de este pasaje? Pues el fiador que garantiza a alguien que posiblemente no pague su deuda y luego él, al ser el garante, tendrá que asumir la deuda impaga y quedar «atrapado» en la responsabilidad que asumió tan livianamente. Por lo tanto, este pasaje que corre hasta el verso cinco es sencillamente una exhortación muy sabia a evitar aceptar ser fiadores de extraños.

Seguramente algunos de nosotros hemos actuado como fiadores en más de una oportunidad. Una correcta exégesis nos demostrará los peligros de aceptar una responsabilidad tan arriesgada. Pero la connotación es que si vamos a aceptar ese compromiso, entonces debemos asegurarnos de que podremos y desearemos pagar si es que el deudor llegase a fallar y el acreedor nos reclama el pago de la deuda. Un fiador debe aceptar el riesgo de quedar «atrapado» en su promesa. La siguiente cita es una correcta exégesis del pasaje que nos muestra una certera interpretación del texto de la siguiente manera:

> Él nos prohíbe salir fiadores hasta por nuestro prójimo (excepto en caso de que haya alguna razón de peso para hacerlo), y también hacer promesas a un extraño haciéndonos responsables de las deudas de nuestro prójimo. Los que piensan solo en el presente se apresuran demasiado, por lo general, a la hora de prometer. [...] Si el dinero tuviera que pagarse ahora mismo, dudarían y lo pensarían dos veces antes de actuar para no perjudicar a sus familias; pero Salomón afirma que los hombres pueden enredarse y quedar atrapados con las palabras de su boca, así como con las obras de sus manos.[19]

El ejemplo anterior está enfocado en una interpretación popular y antojadiza entre los creyentes. Pero ahora quisiéramos mostrar el mismo problema desde la perspectiva de un sermón. Imaginemos a un pastor preparando un sermón eisegético de 2 Crónicas 27:1, 2:

> *Jotam tenía veinticinco años cuando comenzó a reinar, y reinó dieciséis años en Jerusalén. El nombre de su madre era Jerusa, hija de Sadoc. Jotam hizo lo recto ante los ojos del Señor, conforme a todo lo que su padre Uzías había hecho; pero no entró en el templo del Señor. Pero el pueblo seguía corrompiéndose.*[20]

Eiségesis: Primero, el intérprete ya ha decidido el tema del que quiere hablar: «La importancia de asistir a la iglesia». Al leer el pasaje, se da cuenta de que el rey Jotam fue un buen rey, tanto como su padre Uzías lo había sido, excepto por una cosa: ¡él no iba al templo! Este pasaje parece caer justo en su tema, así que lo toma como el pasaje central de su sermón. Él quiere mostrarle a su congregación la necesidad de pasar valores espirituales de una generación a otra.

El hecho de que el rey Uzías fuera al templo cada semana no garantizaba que su hijo haría lo mismo en el futuro. De la misma manera, muchos jóvenes de hoy no son tan fieles como sus padres y no asisten más a la iglesia. El sermón termina con la siguiente pregunta: ¿cuántas bendiciones Jotam dejó de recibir por no haber asistido

---

[19] Lawson, 2022, p. 115.
[20] Caso tomado de: https://www.gotquestions.org/exegesis-eisegesis.html.

al templo como lo hizo su padre? El llamado final es para que los padres inculquen en sus hijos la costumbre de asistir a la iglesia, y se exhorta a los jóvenes a seguir la costumbre de sus padres.

Exégesis: Primero que nada, el intérprete lee el pasaje y busca entender claramente el contexto leyendo las historias completas de ambos reyes (2 Cr 26–27; 2 R 15:1-6; 32-38). El pastor descubre que el rey Uzías fue un buen rey, pero desobedeció al Señor cuando fue al templo y ofreció el incienso que solo podía ser ofrecido por los sacerdotes (2 Cr 26:16-20; Ex 30:7, 8; Nm 18:7).[21] El orgullo de Uzías y su desobediencia fueron castigados con una lepra que lo acompañó hasta el día de su muerte (2 Cr 26:21).

Queriendo saber por qué Uzías pasó el resto de sus días en solitario, el intérprete estudia Levítico y hace un estudio sobre la lepra. Así descubre que en otros pasajes la lepra y otras enfermedades son usadas como un castigo divino (2 R 5:27; 2 Cr 16:12; 21:12-15). Él ya puede vislumbrar algo importante: cuando el pasaje dice que Jotam no entró en el templo como su padre es porque no repitió el error de su padre. El sermón finalmente trata sobre la disciplina del Señor y cómo él bendice la obediencia cuando aprendemos de los errores del pasado en vez de repetirlos.

Como podrás haber notado, el trabajo exegético siempre tomará más tiempo y mayor compromiso que el eisegético. Sin embargo, lo segundo no es una alternativa más de acercamiento e interpretación del texto bíblico, sino una degeneración de la interpretación bíblica que genera funestos resultados. De allí que la labor del intérprete sea la de EX-PO-NER (poner de manifiesto lo que dice el texto mismo) y no de IM-PO-NER sus propias ideas y pensamientos sobre el texto.

Hermenéutica católica vs. evangélica

Voy a diferenciar muy brevemente la hermenéutica o exégesis evangélica de la exégesis católica porque es sumamente importante establecer la diferencia en cómo estos dos grupos se acercan al texto bíblico. La posición evangélica desde los reformadores hasta hoy se caracteriza por esta frase de Lutero: *Sacra Scriptura Sui Ipsius Interpres* («la

---

[21] Véase también el caso de Saúl, quien tomó equivocadamente el lugar sacerdotal al ofrecer sacrificios previos a una batalla (1 S 13:11-13).

Escritura Sagrada es intérprete de sí misma»).[22] Dicho de otra manera, la Palabra interpreta a la Palabra. El intérprete no intenta encontrar un significado fuera de ella, sino que tiene que descubrir el significado de la Palabra usando la misma Palabra. Kaiser dice que para Lutero la interpretación bíblica demanda buscar el significado único del texto sin dejarse llevar por alegorías o especulaciones, reconociendo que el Espíritu Santo ha dejado su testimonio con absoluta claridad en las Escrituras.[23] El intérprete último es el Espíritu Santo que la inspiró, que vive en nosotros y la ilumina para nuestro entendimiento (2 Pd 1:19-21).

Por otro lado, la posición católica se estableció con la afirmación del Concilio de Trento[24] (1545), que dice que nadie puede aceptar o interpretar la Biblia a menos que esté de acuerdo con el concepto unánime de los Padres de la Iglesia. El Concilio Vaticano I (1869) ratifica esa posición y declara la infalibilidad papal como dogma de la Iglesia católica. En contraste con estas posiciones que postulan una interpretación vertical, donde solo las autoridades eclesiásticas tienen la autoridad única para ofrecer la interpretación correcta, Lutero, por ejemplo, insistía en una posición horizontal en la que todos los cristianos pueden ser capaces de interpretar la Palabra de manera personal bajo la guía del Espíritu Santo y la colaboración mutua entre los miembros de la iglesia.

Esto no significa que podamos interpretar la Biblia como nos venga en gana. Es cierto que esta libertad ha sido convertida en libertinaje por muchos cristianos desde los tiempos de la Reforma hasta nuestros días. Pero eso no implica que debamos aceptar como válido el requerimiento católico que afirma que los cristianos particulares necesitan de autoridades religiosas como sacerdotes o el papa para decirles si lo que están entendiendo del texto es correcto. Lo que aprendemos en la Biblia es que la lectura, la interpretación y la aplicación de las Escrituras son una experiencia personal, pero también grupal. Podemos observar a David

---

[22] Esta frase fue escrita por Martín Lutero en su obra *Assertio omnium articulorum M. Lutheri per bullam Leonis X. nouissimam damnatorum* [Una confirmación de que todos los artículos de Martín Lutero están condenados por una bula decretada por el papa León X], de 1520.

[23] Kaiser, 1998, pp. 60-61.

[24] El Concilio de Trento se reunió entre 1545 y 1563 para discutir y afirmar las doctrinas católicas luego de la Reforma. El Concilio emitió sendos decretos condenando las supuestas herejías protestantes y definiendo las enseñanzas católicas en temas tan diversos como Escrituras y tradición, pecado original, la veneración de los santos y los sacramentos.

INTERPRETACIÓN DE LA BIBLIA

| CATÓLICA | EVANGÉLICA- PROTESTANTE |

diciendo: «¡Cuánto amo tu ley! Todo el día es ella *mi* meditación» (Sal 119:97; énfasis añadido) y también ver cómo Priscila y Aquila «llevaron [a Apolos] aparte y le *explicaron con mayor exactitud* el camino de Dios» (Hch 18:26; énfasis añadido). En ambos casos, el Espíritu Santo está obrando tanto individual como corporativamente para que «conozcamos lo que Dios nos ha dado gratuitamente» (1 Co 2:12).

Lutero fue acusado precisamente por denunciar una serie de prácticas que consideraba opuestas a su interpretación de la Palabra de Dios. Estas iban desde la venta de las indulgencias hasta el derecho de estudiar la Biblia por uno mismo. El papa León X excomulgó y condenó como hereje a Lutero por estas y otras afirmaciones, pero el emperador Carlos V se negó a cumplir con la ejecución porque temía enemistarse con las autoridades alemanas. Para saldar el asunto, Lutero fue invitado a presentarse en Worms[25] y aceptar el supuesto error en que había caído. Él contestó, luego de que se le conminó a retractarse:

> Su majestad imperial y sus excelencias exigen una simple respuesta. Aquí está, llana y sin barniz: a menos que yo sea convencido de

---

[25] La Dieta de Worms fue celebrada en un pequeño pueblo a orillas del río Rin. Lutero se presentó ante las autoridades entre el 16 y el 18 de abril de 1521. El edicto de Worms finalmente terminó condenando a Lutero como hereje (tal como lo había hecho el papado en enero de ese año) y se fijó una recompensa para todo aquel que lo capturara y lo entregara a las autoridades.

error por el testimonio de la Escritura (siendo que yo no pongo mi confianza en la no avalada autoridad de papas o concilios, siendo que ellos a menudo han errado y se han contradicho) o por la razón evidente, yo estoy de pie convicto por las Escrituras a las que yo he apelado, y mi conciencia es tomada cautiva por la Palabra de Dios, y no puedo y no podré retractarme de nada, porque actuar contra nuestra conciencia ni es seguro ni es posible para nosotros. Esta es mi posición y no puedo tener otra. Dios me ayude.[26]

Sería bueno preguntarnos en este momento si es que sentimos que nuestra conciencia está tan fuertemente atada a la Palabra de Dios como la sentían Lutero y el resto de los reformadores. Él llegó a poner en peligro su propia vida antes que renunciar a lo que creía que era una correcta interpretación de las Escrituras. No debemos olvidar que Lutero no quería romper con la iglesia, sino hacerle ver lo que consideraba un error y devolver la fidelidad eclesiástica a las Escrituras.

En los mismos términos podríamos preguntarnos: cuando estoy frente a una decisión, ¿considero la Palabra primero para saber que decisión tomar? Y, cuando la decisión es contraria, ¿rehúso actuar en contra de la Palabra de Dios porque mi conciencia está atada a la Palabra de Dios? Podríamos pensar que esta radicalidad podría considerarse solo para momentos decisivos y únicos como los que vivió Lutero en Worms. Sin embargo, todos los cristianos cada día se ven expuestos a este tipo de decisiones en que se ven obligados a usar con «precisión la Palabra de verdad». Por eso necesitamos recordar y valorar lo que hicieron nuestros antepasados. A nosotros nos toca ser responsables frente a nuestra interpretación de las Escrituras ante nuestra generación; nuestra propia vida depende de ello.

Como dije anteriormente, el Concilio de Trento reaccionó ante el protestantismo condenando todas sus afirmaciones y restringiendo la interpretación de las Escrituras, que solo podría ser efectuada y autorizada por el clero. El Concilio de Trento marcó la diferencia de acercamiento a la Biblia entre la Iglesia católica y la reformada para la posteridad:

---

[26] Un mayor detalle y comentario de la Dieta de Worms puede encontrarse en Latourette, 1997, Vol. II, pp. 61-65; González, 1994, Tomo II, pp. 38-44.

Definiendo la hermenéutica bíblica

> Para frenar a los espíritus petulantes, el concilio decreta, que nadie, confiando en su propia habilidad, podrá, en asuntos de fe, y moral relativos a la edificación de la doctrina cristiana, trastornando las Sagradas Escrituras de acuerdo con sus propios sentidos, presumiendo de interpretarlos contrariamente al sentido que la santa madre iglesia, a quien pertenece el derecho de juzgar el sentido e interpretación verdaderos de las Sagradas Escrituras, ha mantenido o mantiene; o incluso en contra del pleno consentimiento de los Padres; a pesar de que tales interpretaciones no fueron hechas con la intención de ser publicadas. Los que contravengan deberán ser conocidos por las autoridades, y castigados con las penas establecidas por ley.[27]

De manera simple, lo que se está proponiendo es que las autoridades eclesiásticas no publicarán las interpretaciones de otros que no sean ellos, y tampoco los católicos podrán diferir en sus interpretaciones de la interpretación oficial de la iglesia. No habrá posibilidad de comparaciones ni de poder estudiar a los que difieren del discurso oficial. Sin embargo, en el ambiente más horizontal de la iglesia reformada y evangélica, se continuará reforzando y enfatizando la necesidad de hacer hermenéutica con cuidado y responsabilidad.

Tantos aparentes problemas de interpretación podrían hacer que algunos renuncien a la tarea de estudiar la Biblia para evitarse complicaciones. Sin embargo, los cristianos debemos persistir en una tarea que ha ocupado al pueblo de Dios de todos los tiempos. Por ejemplo, en el Antiguo Testamento, después del tiempo del destierro y cuando los judíos habían vuelto a Jerusalén, «el sacerdote Esdras trajo la ley delante de la asamblea de hombres y mujeres y de todos los que *podían* entender lo que oían» (Neh 8:2; énfasis añadido). Esta lectura fue «desde el amanecer hasta el mediodía […] y los oídos de todo el pueblo estaban atentos al libro de la ley» (Neh 8:3). No obstante, la tarea no fue solo de lectura, porque el texto continúa y dice que hubo levitas y otros que «leyeron en el libro de la ley de Dios, interpretándo*lo* y dándo*le* el sentido para que entendieran la lectura» (Neh 8:8; énfasis añadido). Esdras estaba haciendo exégesis cuando estaba leyendo el libro de la ley, lo

---

[27] Concilio de Trento. Sesión IV: "En lo concerniente a la edición y uso de los libros sagrados". Segundo decreto. Celebrado el 8 de abril de 1546.

estaba interpretando y le estaba dando el sentido para que el pueblo pudiera entender con precisión las Escrituras.

En el Nuevo Testamento, Pablo les dice a sus discípulos de Corinto: «Pues no somos como muchos, que comercian con la palabra de Dios, sino que con sinceridad, como de parte de Dios y delante de Dios hablamos en Cristo» (2 Co 2:17). El término que se usa aquí para "comerciar" viene de la raíz *kapeleuo*,[28] que primariamente significa "vendedor al detalle". El término indirectamente alude a una oferta engañosa que intenta adulterar lo ofrecido. Así, este comercio de la Palabra de Dios está relacionado con una desnaturalización de la Palabra para fines indignos o simplemente para obtener un beneficio deshonesto ajeno a la intención original del mensaje de Dios.

Cuando esos falsos maestros engañan a sus seguidores, la razón por la que tantos son engañados es porque no saben cómo corroborar en la Biblia misma si lo que ellos están diciendo es cierto y, por lo tanto, quedan fácilmente atrapados por su falta de entendimiento. De allí que sea tan importante seguir el ejemplo de Pablo cuando dice:

> Por tanto, puesto que tenemos este ministerio, según hemos recibido misericordia, no desfallecemos. Más bien hemos renunciado a lo oculto y vergonzoso, no andando con astucia, ni adulterando la palabra de Dios, sino que, mediante la manifestación de la verdad, nos recomendamos a la conciencia de todo hombre en la presencia de Dios. (2 Co 4:1, 2)

No podemos desfallecer en nuestro compromiso de fidelidad para con las Escrituras. Para eso debemos esforzarnos por adquirir las habilidades, el conocimiento y las destrezas fundamentales para evitar quitarle su sentido original (adulterar) a la Palabra de verdad y para hacer que ella se manifieste en nuestras vidas y ministerios en toda su plenitud, poder, verdad y luz.

---

[28] Καπηλεύω.

CAPÍTULO DOS
La Biblia y la necesidad de interpretarla

Una breve semblanza de la Biblia

La Biblia se caracteriza por ser el testimonio de Dios revelado a través de acontecimientos concretos de la historia humana. Está dividida en dos secciones llamadas *testamentos* (pacto, convenio), que marcan el pacto de Dios con el pueblo judío en el Antiguo Testamento y con la humanidad entera en el Nuevo Testamento. Israel existe producto de la elección, revelación, intervención y dirección de Dios. El pueblo judío adquiere conciencia de su identidad bajo la influencia de los actos, las palabras y la manifestación de la voluntad de Dios. El Antiguo Testamento es claro en cuanto a su marco histórico, geográfico, de costumbres y de coherencia en sus argumentos. Toda la historia de Israel está entrelazada y debe su existencia al mensaje de Dios.

En el Nuevo Testamento, los evangelistas se dan a conocer como testigos presenciales y veraces de todo lo que ellos narran sobre la venida, las palabras y la obra redentora del Mesías prometido (Lc 1:1-3; Hch 1:8). Las enseñanzas demuestran una autoridad y un origen que trascienden al ser humano (Mt 7:28, 29). Durante el ministerio apostólico, los autores de las epístolas se reconocieron como portavoces de un mensaje que provenía de Dios (1 Ts 2:13; 2 Pd 1:16) y que era la culminación y cumplimiento de las promesas del Antiguo Testamento (Hch 2:14-36).

En vez de hablar de "testamentos" hubiese sido mejor hablar de antiguo y nuevo "pacto", porque esta palabra tiene una connotación más precisa en cuanto al plan de Dios y su revelación para con la humanidad (Jr 31:31; Mt 26:28; Hb 8:6-8). Por eso es necesario reconocer un principio fundamental de la interpretación bíblica: *todo pasaje del antiguo pacto tiene que obligatoriamente ser analizado a través de los lentes del nuevo pacto.* Agustín, el gran teólogo, explica este principio diciendo que el «Antiguo Testamento es revelado en el Nuevo Testamento y el Nuevo Testamento está escondido en el Antiguo».[29] Esto significa que muchas de las cosas que se dijeron en el antiguo pacto no se pudieron entender, y aun los profetas tampoco las entendieron completamente, porque recién la plenitud de la revelación se daría a conocer con Jesucristo (1 Pd 1:9-11). Es Jesucristo, su persona y su obra, «la unidad esencial de la Biblia».[30] En conclusión, ambos testamentos no son independientes uno del otro. *Todo el Nuevo Testamento tiene sus raíces en el Antiguo, y todo el Antiguo Testamento tiene su cumplimiento en el Nuevo.*

El Antiguo Testamento comienza con la creación del mundo, y el Nuevo Testamento lo hace con la llegada del Mesías al mundo. El Antiguo Testamento termina con Malaquías, y el Nuevo Testamento finaliza con el libro de Apocalipsis. El contenido del Antiguo Testamento es básicamente la historia del pueblo judío hasta cuatrocientos años antes de la venida de Cristo, y el contenido del Nuevo Testamento está conformado por la vida de Jesús en los Evangelios y luego el ministerio de los apóstoles y la expansión de la iglesia por el mundo. El período de tiempo durante el cual se escribe el Antiguo Testamento es de alrededor de 1500 años, y para el Nuevo, aproximadamente un siglo.

El número de libros del Antiguo Testamento es treinta y nueve, y el del Nuevo, veintisiete. En total, la Biblia cuenta con 1189 capítulos y 31 101 versículos (aproximadamente, dependiendo de la versión). Los autores de ambos testamentos son alrededor de unos cincuenta. Algunos dicen que toda la Biblia podría ser leída en unas setenta horas. Tanto los libros del Antiguo como del Nuevo Testamento están organizados temáticamente y no necesariamente de forma cronológica.

---

[29] San Agustín, *Quaestiones in Heptateuchum* 2:73 [Preguntas con respecto al Heptateuco (los siete primeros libros del Antiguo Testamento, desde Génesis hasta Jueces)]. El contexto de esta afirmación señala: «Los cristianos, por lo tanto, leen el Antiguo Testamento bajo la luz del Cristo crucificado y resucitado. Tal lectura tipológica revela el inagotable contenido del Antiguo Testamento; pero esto no debe hacernos olvidar que el Antiguo Testamento retiene su propio valor intrínseco como revelación, tal como fue reafirmado por el Señor mismo (Mc 12:29-31). Además, el Nuevo Testamento tiene que ser leído bajo la luz del Antiguo. La enseñanza cristiana primitiva hizo uso constante del Antiguo Testamento (1 Co 5:6-8; 10:1-11). Como lo dice el viejo dicho…».

[30] Goldsworthy, 2010, p. 236.

ANTIGUO TESTAMENTO		NUEVO TESTAMENTO	
HISTÓRICOS			
Génesis Éxodo Levítico Números Deuteronomio Josué Jueces	Rut 1 y 2 de Samuel 1 y 2 de Reyes 1 y 2 de Crónicas Esdras Nehemías Ester	Mateo Marcos Lucas Juan Hechos de los Apóstoles	
POÉTICOS Y SAPIENCIALES			
Job Salmos Proverbios	Eclesiastés Cantares		
PROFÉTICOS			
Isaías Jeremías Lamentaciones Ezequiel Daniel Oseas Joel Amós Abdías	Jonás Miqueas Nahúm Habacuc Sofonías Hageo Zacarías Malaquías	Apocalipsis	
		EPÍSTOLAS (CARTAS APOSTÓLICAS)	
		Romanos 1 y 2 Corintios Gálatas Efesios Filipenses Colosenses 1 y 2 Tesalonicenses 1 y 2 Timoteo	Tito Filemón Hebreos Santiago 1 y 2 de Pedro 1, 2 y 3 de Juan Judas

Características especiales de la Biblia

La Palabra es inspirada por Dios

¿Hasta qué punto y con qué grado de exactitud y fidelidad lo escrito en el texto representa lo revelado por Dios? ¿Es la Biblia solo el testimonio humano de la revelación divina? Los cristianos creemos que toda la Biblia ha sido inspirada por Dios, conforme al propio testimonio brindado por los apóstoles Pablo y Pedro cuando dijeron:

> Toda Escritura es *inspirada por Dios* y útil para enseñar, para reprender, para corregir, para instruir en justicia, a fin de que el hombre de Dios sea perfecto, equipado para toda buena obra. (2 Tm 3:16, 17; énfasis añadido)
>
> Y *así* tenemos la palabra profética más segura, a la cual ustedes hacen bien en prestar atención como a una lámpara que brilla en el lugar oscuro, hasta que el día despunte y el lucero de la mañana aparezca en sus corazones. Pero ante todo sepan esto, que ninguna profecía de la Escritura es *asunto* de interpretación personal, pues ninguna profecía fue dada jamás por un acto de voluntad humana, sino que *hombres inspirados por el Espíritu Santo hablaron de parte de Dios*. (2 Pd 1:19-21; énfasis añadido)

Entender el sentido de la palabra "inspiración" es difícil en nuestros tiempos. Como dice Wayne Grudem, el término ha sido usado para señalar el momento creativo de un artista («estuve muy inspirado al escribir esta canción») o un hecho particular que motiva a las personas en una manera positiva («tu actitud realmente me inspira para ser mejor»).[31] La palabra griega para inspiración es *theopneustos*,[32] que se traduce como "respirado o exhalado por Dios". Es así que la fuerza de esta expresión intenta mostrar cómo todas las palabras de las Escrituras han salido de la boca de Dios y, como resultado, toda Escritura tiene un poder divino único e inherente que puede lograr la transformación del individuo que la escucha y la aplica en su propia vida (Jr 23:28-30).

La inspiración de la Biblia puede ser definida como

> la acción sobrenatural de Dios en los hagiógrafos que tuvo por objeto guiarlos en sus pensamientos y en sus escritos de modo tal que estos expresaran verazmente y concordes con la revelación, los pensamientos, los actos y la voluntad de Dios. Por esta razón, puede decirse que la Biblia es Palabra de Dios y, por consiguiente, suprema norma de fe y conducta.[33]

Jesucristo mismo exaltó el carácter sobrenatural del Antiguo Testamento (Mt 5:17-19) y también de sus propias palabras (Mc 13:31),

---

[31] Grudem, 1994, p. 75, n. 6.
[32] Θεόπνευστος.
[33] Martínez, 2013a, p. 48.

haciendo las suyas iguales a las de Dios (Is 40:8). Aun los apóstoles consideraban algunos de sus propios escritos como divinamente inspirados por Dios (1 Ts 2:13; 2 Pd 3:15, 16).

No debemos pensar en este acto de inspiración divina como una experiencia meramente mística de dictado divino. Ya el autor de Hebreos nos decía que «Dios, habiendo hablado hace mucho tiempo, en muchas ocasiones y de muchas maneras a los padres por los profetas» (Hb 1:1), dando a entender que no ha existido un solo método de inspiración. La inspiración se observa, por ejemplo, (1) en la investigación y la reflexión del escritor (Lc 1:1-3); (2) en la vena poética y musical del salmista (2 S 23:1, 2); (3) a través de experiencias y circunstancias guiadas por Dios (Jr 20:7-13); o (4) mediante el dictado directo de sus palabras (Is 30:8). Todo esto nos permite ver que no se puede entender la inspiración bíblica como la anulación de la personalidad del escritor, su formación o su estilo personal de escritura. Por el contrario, la inspiración vino de tal forma que Dios preservó las personalidades, la preparación o falta de preparación de los autores humanos, de manera que no solo podemos percibir a Dios hablando, sino que también descubrimos a los autores humanos en medio de sus encrucijadas, reflexión y circunstancias. La conclusión de Wayne Grudem es esclarecedora:

> En los casos en los que una personalidad humana ordinaria y el estilo de escritura del autor estuvieran envueltos prominentemente, como parece ser el caso de la mayor parte de las Escrituras, lo que podemos decir es que el cuidado providencial de Dios en la dirección de la vida de cada autor fue tal, que sus personalidades, sus antecedentes, su instrucción, sus habilidades para evaluar los eventos en el mundo que los rodeaba, su acceso a la información histórica, su juicio con respecto a la precisión de la información y sus circunstancias individuales cuando ellos escribieron fueron exactamente los que Dios deseaba que fueran, de tal manera que cuando ellos llegaron a tomar el papel y el lápiz, las palabras eran completamente suyas, pero también eran completamente las palabras que Dios deseaba que ellos escribieran, palabras que Dios también reclamó como suyas.[34]

---

[34] Grudem, 1994, p. 81.

Por eso es que afirmo que *la inspiración de las Escrituras es plenaria o total*. Esto significa que no solo las palabras que aparecen en rojo en la Biblia son "más inspiradas" porque son las palabras que pronunció Cristo, sino que cada palabra (y no solo los conceptos y las ideas) fue inspirada por el Espíritu Santo y no hay diferencia, por ejemplo, en la valoración de las palabras de Jesús por sobre las de Pablo porque en ambos casos es el mismísimo Dios hablando directamente.

La Palabra es infalible e inerrante

Al ser todas las Escrituras inspiradas por Dios, entonces lo lógico es afirmar que las Escrituras no pueden errar en todo lo que afirman. La palabra "infalible" viene del latín *fallere*, que en su sentido negativo significa "engañar, no cumplir, traicionar". En consecuencia, podemos decir que *la Palabra de Dios no traiciona el propósito con el cual Dios la inspiró y, por lo tanto, cumple lo que promete y lo que dice se hará realidad*.

La otra palabra que acompaña a la infalibilidad es "inerrancia". Aunque podrían sonar similares, la primera está relacionada con la veracidad y la certidumbre de las afirmaciones bíblicas, mientras que la segunda tiene que ver con que *la Biblia que leemos hoy contiene las mismas palabras de sus originales y lo escrito es el testimonio fiel de lo que Dios ha dicho y ha hecho*.

Precisiones

Necesito especificar algunos puntos para evitar errores en la manera en que aplicamos esos conceptos en la vida diaria:

- Al juzgar la inerrancia e infalibilidad de las Escrituras, debemos hacerlo de acuerdo con las costumbres, reglas y pautas de las épocas en que los varios libros fueron escritos. Los autores debían entender una gran proporción de las cosas que ellos mismos estaban escribiendo. Es responsabilidad del intérprete contemporáneo el poder entender la cultura de los tiempos bíblicos.
- Los autores escribieron en un lenguaje y un género específicos que no son ni tenían el propósito de ser científicos (en el sentido moderno del término). Por ejemplo, el hecho de que Josué ordenase que el sol se detuviera (Jos 10:12) no es una prueba que demuestre un error en la Biblia. Aun nosotros en el siglo XXI decimos que el sol "se pone" o "sale".

- A ningún pasaje de la Biblia se le puede atribuir una intención o un significado contrario o ajeno al contenido y al propósito fundamental de las Escrituras. El núcleo fundamental de la Biblia es la historia de la salvación.
- Los errores que han sido encontrados en las diferentes copias de las Escrituras son errores de forma (deletreo, puntuación, gramática, etc.), pero no de contenido. Descubrimientos de fragmentos muy antiguos, como los rollos del mar Muerto, han ido demostrando que lo que hoy tenemos básicamente no se diferencia en nada, excepto en pequeños errores que no cambian el sentido final del texto.
- El Señor utilizó una diversidad de expresiones, estilos literarios, personalidades y contextos que enriquecieron y le dan una hermosa variedad al texto bíblico. Es por eso que la ausencia de un desarrollo monocromo no se puede considerar como error o falibilidad.

CAPÍTULO TRES
Dificultades al interpretar la Biblia (Parte I)

Las características especiales del intérprete de la Biblia

Debido a la naturaleza espiritual de las Escrituras, es necesario afirmar que ninguna técnica hermenéutica podrá suplir el entendimiento que produce una correcta e íntima relación espiritual con Dios. Las reglas hermenéuticas son una ayuda importante para el creyente, pero no sirven de nada para el inconverso. Lo primero que este último necesita es la predicación del evangelio y su respuesta en arrepentimiento y fe. Si ese paso es satisfecho, entonces el Espíritu Santo producirá hambre espiritual, entendimiento de las Escrituras y una actitud de obediencia y fe, que son fundamentales en la vida cristiana.

El apóstol Pablo explica la realidad espiritual que acabamos de comentar de la siguiente manera: «Pero el hombre natural no acepta las cosas del Espíritu de Dios, porque para él son necedad; y no las puede entender, porque *son cosas* que se disciernen espiritualmente» (1 Co 2:14; énfasis añadido). El apóstol no está diciendo que el intérprete de la Biblia requiere de un conocimiento gnóstico[35] para poder descubrir el significado oculto que está escondido bajo las palabras del texto. Tampoco está diciendo que el texto bíblico tiene un significado diferente a su definición gramatical. Lo que sí está diciendo es que las ideas y los pensamientos que Dios está plasmando en las Escrituras vienen a través de palabras humanas en las que Dios mismo está imprimiendo

---

[35] Gnosticismo: viene del término griego *gnosis*, que se traduce como "conocimiento". Los gnósticos afirmaban que el mundo físico estaba corrompido y que solo algunos tenían la habilidad de trascenderlo a través de la adquisición de cierto conocimiento espiritual esotérico.

realidades espirituales. Esto significa que la persona que no conoce a Dios no puede entender sus propósitos porque carece de una vida espiritual que le permita percibir y conectarse con la realidad y las implicaciones de lo que el Señor está dando a conocer espiritualmente. La hermenéutica bíblica asume que aquellos que se proponen estudiarla para cumplirla son creyentes que van a gozar de la asistencia del Espíritu de Dios. A esto se le conoce como *iluminación del Espíritu*.

Esta iluminación o guía del Espíritu es fundamental al momento de acercarnos a estudiar la Biblia. El mismo Espíritu que inspiró y preservó las Escrituras es el que da entendimiento a los creyentes para que arriben al significado que él mismo reveló. Jesucristo explicó esta iluminación de la siguiente manera: «El Consolador, el Espíritu Santo, a quien el Padre enviará en mi nombre, él les enseñará todas las cosas, y les recordará todo lo que les he dicho» (Jn 14:26). La promesa de la venida del Espíritu tenía también una función pedagógica evidente, cuyo propósito era guiar a los creyentes a «toda la verdad» (Jn 16:13). Aunque la función de dirección en el entendimiento de las Escrituras es permanente por parte del Espíritu, es posible que por diferentes razones esta guía sea algunas veces más notoria que otras. De seguro que nos ha pasado que en algunas oportunidades hemos estado leyendo un texto muy familiar y súbitamente ese texto se abre delante de nuestros ojos con una precisión que no habíamos tenido nunca antes. No se trata solo de un *eureka*[36] intelectual, sino más bien de un momento en que el Señor quiere llamar nuestra atención sobre una verdad que, aunque está en nuestra memoria, debería ser presentada (o iluminada) de una forma especial. Como vemos, esta iluminación no es una revelación nueva, sino más bien la posibilidad de entender y aplicar un texto que podríamos haber leído, escuchado de nuestros pastores o aprendido de nuestros maestros en otras ocasiones.

Tenemos que descartar la idea de que solo los que tienen buena preparación intelectual y algunos grados teológicos pueden entender mejor las Escrituras. La Biblia ha sido escrita para cristianos que quieren vivir bajo la luz de Dios y no en la oscuridad que es propia de «la vida bajo el sol» (aunque suene paradójico). Una vida devocional correcta,

---

[36] *Eureka* es una palabra de origen griego que, según se supone, significa "¡Lo encontré!". Se dice que Arquímedes, el famoso matemático, inventor e ingeniero griego, gritó con entusiasmo esta palabra cuando descubrió el método para determinar la densidad de un objeto de forma irregular.

metódica y regular de estudio bíblico favorecerá una exposición permanente a la luz, bajo el entendimiento de la Palabra y la guía del Espíritu Santo. Esta exposición, a su vez, propiciará una vida piadosa que será alimentada cada vez más por un mayor entendimiento y aplicación de la Palabra de Dios en la vida.

Sería bueno hacer un par de aclaraciones. En primer lugar, un estudio devocional de la Biblia no debería ser necesariamente superficial o circunstancial. Esta percepción equivocada se da debido a que muchos tienden a interesarse en la Biblia cuando están buscando respuestas prácticas para situaciones urgentes. Ese es uno de los grandes problemas de los cristianos de hoy en día. Si tienen un problema financiero, comienzan a buscar con urgencia versículos que hablan de dinero; si tienen problemas de pareja, buscan con afán versículos que hablen del matrimonio. El problema no está en la urgencia, sino en que quieren aplicar la Palabra sin que primero se hayan dado el tiempo diligente para entenderla. Cuando actúan con premura y superficialidad, esos dos elementos son detonantes para generar una gran equivocación.

En segundo lugar, un estudio devocional tampoco puede irse al lado opuesto del péndulo y convertirse en un mero ejercicio racionalista que solo intenta satisfacer la mente y la curiosidad intelectual. Algunos consideran la hermenéutica como una herramienta sofisticada que intenta desentrañar las supuestas complicaciones teológicas y filosóficas que encierra la Biblia. Ese tipo de personas han llenado las bibliotecas con miles de volúmenes escritos con disquisiciones humanas sobre la Biblia que solo sirven para acumular polvo y generar más oscuridad que luz con respecto a la Palabra de Dios. Basta con ilustrar este punto con la siguiente historia:

> Mientras trabajaba en mi programa doctoral, en uno de los seminarios a los que asistí tuve una de las experiencias más inusuales. [...] Un distinguido profesor, retirado recientemente de la Universidad de Yale, estaba ofreciendo un seminario especial titulado "Los orígenes del cristianismo". [...] En una de las clases, el profesor estaba discurriendo sobre su entendimiento de Romanos 1–5. Con una elocuencia inusual y una excelente exégesis, recorrió esos capítulos con destreza, afirmando que cada uno de los allí presentes habíamos pecado y estábamos fuera de la gloria de Dios. [...] Muy rara vez había escuchado tan buen tratamiento de los textos de Pablo, especialmente de parte de un no evangélico.

> Después de dos horas, sin embargo, se rompió el hechizo cuando uno de los estudiantes judíos en la clase, quien junto con algunos de sus colegas había estado sentado completamente incómodo durante esta larga charla, preguntó bruscamente: «¿Estoy teniendo la impresión de que el profesor de esta clase cree todo esto?». De inmediato el profesor replicó con sorna: «Bah, ¿quién está hablando aquí de creer? Yo solo estoy disertando sobre lo que Pablo escribió. Ya estoy cansado de oír a la gente hablar sobre lo que el texto significa para ellos. Yo fui entrenado bajo la antigua teología liberal; allí aprendimos lo que Pablo dijo. Sin embargo, ¡eso no significa que crea lo que Pablo dijo!».[37]

Lo que esta historia verídica nos está mostrando es que precisión intelectual no significa lo mismo que iluminación espiritual. Si solo lo vemos como un ejercicio académico, entonces la hermenéutica se convierte en un ejercicio vacío que podría producir un cierto academicismo, pero nunca producirá el verdadero fruto espiritual que pronostica el salmista:

> La ley del Señor es perfecta, que restaura el alma;
> el testimonio del Señor es seguro, que hace sabio al sencillo.
> Los preceptos del Señor son rectos, que alegran el corazón;
> el mandamiento del Señor es puro, que alumbra los ojos.
> El temor del Señor es limpio, que permanece para siempre;
> los juicios del Señor son verdaderos, todos ellos justos;
> deseables más que el oro; sí, más que mucho oro fino,
> más dulces que la miel y que el destilar del panal.
> Además, tu siervo es amonestado por ellos;
> en guardarlos hay gran recompensa. (Sal 19:7-11)

Ser creyentes nos abre un mar de posibilidades de crecimiento al estudiar la Palabra, pero es necesario que el creyente tenga un espíritu dispuesto a creer y someterse a la ley de Dios. Una gran cantidad de cristianos se aproximan a la Biblia sin tener un espíritu dispuesto para la obediencia. Como ya vimos hace un momento, quizás tienen deseos de conocer más, están buscando alguna respuesta para una situación específica o simplemente para satisfacer su curiosidad. Pero el

---

[37] Kaiser & Silva, 2007, p. 216.

problema radica en que ellos mismos no tienen un corazón renacido y sometido que reconozca a Dios como Señor y su Palabra como norma de conducta. No vamos a cambiar y crecer mientras sigamos oyendo, leyendo o estudiando la Biblia sin un espíritu de obediencia. No vamos a entender porque no estamos dispuestos a descubrir la conexión entre lo que Dios dice y demanda con lo que nosotros somos y practicamos. No debemos olvidar que solo podremos extirpar «la paja» del ojo de nuestro hermano cuando descubramos y extirpemos «la viga» de nuestro propio ojo (Mt 7:1-5).

Por eso la oración correcta y cristiana de un intérprete bíblico es pedirle al Señor por entendimiento para obediencia y no solo para alcanzar conocimiento. La actitud correcta de corazón la encontramos en el salmista cuando dice: «Dame entendimiento para que guarde tu ley y la cumpla de todo corazón» (Sal 119:34). Un gran complemento a este texto lo encontramos en las palabras de Jesús: «Si alguno está dispuesto a hacer la voluntad de Dios, sabrá si mi enseñanza es de Dios o si hablo por mí mismo» (Jn 7:17). Lo que el Señor está diciendo es que si alguien realmente quiere conocer y someterse a la voluntad de Dios, entonces habrá una especie de discernimiento espiritual que, precisamente, se da por la disponibilidad personal de querer obedecer y someterse a la voluntad de Dios.

Este espíritu de obediencia y sumisión debe permanecer con nosotros por el resto de nuestras vidas sin importar cuán conocedores de la Biblia seamos. Tal es el caso de Apolos, quien fue reconocido como

> hombre elocuente, y que era poderoso en las Escrituras. Este había sido instruido en el camino del Señor, y siendo ferviente de espíritu, hablaba y enseñaba con exactitud las cosas referentes a Jesús, aunque solo conocía el bautismo de Juan. (Hch 18:24b, 25).

Aunque era un hombre que conocía muy bien las Escrituras y era muy hábil para enseñarlas, eso no significaba que ya lo sabía todo. Justamente, su gran conocimiento y pasión por las Escrituras le permitió tener un espíritu humilde y también obediente para escuchar las «precisiones» que tanto Priscila como Aquila le entregaron con respecto al «camino de Dios» (Hch 18:26). Apolos no se ofendió ni se sintió disminuido por causa de la corrección y ampliación de su entendimiento a través de la instrucción. Por el contrario, él continuó su camino y fue de más bendición que antes en su ministerio.

Tampoco debemos olvidar las palabras del apóstol Pedro: «Ninguna profecía de la Escritura es asunto de interpretación personal» (2 Pd 1:20). La Palabra de Dios fue escrita para el pueblo de Dios, y es así que todos, sin distinción, deberíamos estar abocados juntamente en la tarea de interpretarla y aplicarla en nuestras vidas. Por eso es que contamos con la dirección esencial del Espíritu Santo, así como con la dirección de nuestros hermanos cercanos de la congregación y también los lejanos, que nos dejaron su experiencia y entendimiento para facilitarnos esta tarea que nunca será completamente individual, sino que siempre será finalmente un ejercicio corporativo.

Justamente, el punto anterior me lleva a considerar otro requisito importante en el intérprete de la Biblia. Ya que tenemos un corazón engañoso y que somos muy influenciados por un tipo de religiosidad emocional y dada al experiencialismo, debemos cuidarnos de aplicar un criterio objetivo y público al momento de estudiar e interpretar la Biblia. Dios no nos ha dado las emociones para sentir su Palabra, sino la mente para comprenderla, creerla y aplicarla. Esto no quiere decir que ese proceso no será emocionante y producirá enormes sentimientos de gozo, esperanza y hasta lágrimas de contrición y alegría, pero nuestra primera responsabilidad es comprender el mensaje.

El apóstol Pablo nos dice que nuestra mente debe ser renovada y transformada para no quedar sujeta a los patrones del mundo y poder verificar la voluntad de Dios en nuestras vidas (Rm 12:2). Nuevamente, esto no significa que descartemos las emociones. Por el contrario, Dios nos dio las emociones para, entre otras cosas, sentir su amor, amarlo a Él y amar y dolernos con la realidad de nuestro prójimo. Pero nuestras emociones deben quedar sujetas a un entendimiento objetivo de la realidad y del mensaje de Dios para que ambos se puedan entender y aplicar de forma correcta y también sensible. Las emociones tienden a ser volubles y subjetivas, por lo que tratar de entender las Escrituras priorizando los sentimientos puede convertirse en una actividad bastante arriesgada. Sin embargo, no podemos descartar las emociones porque son un área fundamental de nuestra configuración como seres humanos. La historia y el mensaje bíblico tienen tal profundidad y realidad que, definitivamente, conmoverán nuestra alma y sacudirán nuestro corazón. Pero ese mensaje que cautiva mi alma requiere de todo mi entendimiento, porque de mi entendimiento y obediencia dependerá mi salud espiritual.

Por ejemplo, cuando alguien está pasando por una situación difícil y emocionalmente complicada, le es muy difícil entender el mensaje de las Escrituras provisto por su pastor o consejero. Aunque alguien afirme que no lo entiende, en realidad es posible que lo que realmente esté pasando es que "no sienta" que Dios le está hablando, y por eso considere que los textos provistos no pueden ser aplicados a sus circunstancias. Por eso es muy importante que una persona pueda primeramente entender (de manera objetiva) un pasaje para luego aplicarlo de forma sentida y correcta en su propia situación.

Este principio es evidente cuando, por ejemplo, estamos analizando las circunstancias de algún conocido. Cuando no estamos involucrados emocionalmente, nos convertimos en eruditos de la Palabra y no hay quien nos gane en hacer una disección hermenéutica "objetiva" de lo que esa persona necesitaría entender de la Biblia. No es lo mismo cuando nosotros buscamos evaluar nuestra propia condición. En otras palabras: es importante que conozcamos fríamente las reglas de tránsito antes de que entremos en el laberinto de las pistas. Si las reglas son bien entendidas, entonces, cuando las presiones y los sentimientos emerjan, podremos evitar el bloqueo emocional y actuar siempre con sabiduría y entendimiento. Por más que el coche de atrás nos toque la bocina y su conductor nos lance improperios, nada nos hará acelerar más de lo permitido o cruzar una luz roja.

La Biblia y las dificultades de interpretación

Aunque la Biblia tiene un propósito central evidente, puede ser estudiada desde diferentes ángulos. En ella se pueden encontrar referencias históricas, culturales, éticas, sociológicas, religiosas, arqueológicas y muchas otras perspectivas de la realidad humana. Esta apreciación miscelánea podría hacer que algunos aspectos llamen más la atención que otros. Justamente, una de las razones por las que la Biblia es malinterpretada es porque se tiende a reducirla y, por lo tanto, a tratar de entenderla solo desde alguna de sus perspectivas o géneros, terminando así con un entendimiento incompleto y sesgado del mensaje bíblico.

Basta mencionar el terrible error que la iglesia cometió con Galileo en el siglo XVII. La teoría que defendió no era suya, sino que fue desarrollada por Copérnico a principios del siglo anterior. Contradiciendo la idea de que la Tierra estaba estática y era el centro del universo, Copérnico afirmó que esta giraba alrededor del Sol. Su libro *De Revolutionius Orbium Coelestium* [Sobre las revoluciones de las esferas celestes] fue publicado después de su muerte y causó algunas controversias por varias décadas, pero no fue hasta que Galileo empezó a confirmar la teoría con el descubrimiento del telescopio que la iglesia reaccionó fuertemente en contra de sus revelaciones.

La Iglesia católica condenaba el heliocentrismo[38] por considerarlo opuesto a la verdad escritural. Si Josué detuvo el sol (Jos 10:9-15), entonces la Tierra debía de permanecer inamovible y en el centro del universo. Los descubrimientos de Galileo, por el contrario, demostraban que el geocentrismo estaba equivocado, y por varios años se dedicó a probar con sus descubrimientos y observaciones la veracidad de la teoría copernicana. Fue acusado ante la Inquisición a principios de 1615, pero los cargos en su contra fueron desestimados. Sin embargo, al año siguiente fue advertido de que debía abandonar sus afirmaciones porque se consideraban casi heréticas. Algunos años después, en 1632, Galileo escribió un libro titulado *Dialogo sopra i due massimi sistemi del mondo* [Diálogo concerniente a los dos mayores sistemas mundiales], el cual fue rápidamente condenado y prohibido por la iglesia. Fue juzgado y condenado por la Inquisición ese mismo año. Finalmente, Galileo fue forzado a retractarse y pasó el resto de sus días bajo arresto domiciliario.

¿Es que acaso el texto bíblico fue refutado por los descubrimientos de Copérnico y Galileo? De ninguna manera. Lo que sucede es que los teólogos trataron de hacer que la Biblia hablase con autoridad sobre temas que el Señor de la Biblia no tuvo ninguna intención de revelar. Así como la Biblia ha sido escrita en un *lenguaje antropomórfico*, en el que muchas situaciones que exceden a la realidad humana son expuestas en términos humanos para que puedan ser entendidas por los seres humanos, así también está escrita en forma *fenomenológica*. Esto significa que muchas de las descripciones de los eventos y las situaciones que aparecen en la Biblia han sido escritos desde el punto de vista de un observador humano, quien describe los eventos desde su propia e inmediata perspectiva, cultura y conocimiento.

La descripción de la derrota de los amorreos y la "parada del sol" no están descritas en términos científicos, sino simplemente tal como fueron vistas desde una óptica descriptiva meramente humana. A simple vista, nosotros vemos el Sol moverse de un lugar al otro del

---

[38] El heliocentrismo afirma que el Sol está en el centro del sistema solar. La teoría que afirmaba que la Tierra permanecía inamovible y que era el centro del universo es conocida como geocentrismo.

firmamento y pareciera que la Tierra se mantiene estática, mientras que todos los astros se mueven en el cielo. Todavía en nuestros días seguimos invitando a otros a ver "la puesta del sol". El describirlo de esa manera no significa que estemos negando una realidad científica y nos declaremos geocentristas. Lo que sí debe quedar claro es que el observador no está intentando establecer una "verdad científica", sino solo describir un fenómeno desde la posición en la que se encuentra observando el suceso.

Ya que estamos estudiando hermenéutica, sería bueno que veamos cómo se está interpretando este pasaje en nuestros días. La Biblia de estudio de la *English Standard Version* tiene una excelente explicación que vale la pena citar *in extenso*:

> **10:12-14: Sol, detente.** El entendimiento tradicional de este pasaje es que este se refiere a un milagro de proporciones cósmicas, en el cual la Tierra cesó de rotar por un tiempo. Sabiendo que la Biblia incuestionablemente enseña que Dios creó el universo (Gn 1; Sal 33:6) y que a él le pertenece todo y establece sus leyes de acuerdo con sus propios propósitos (véase Ex 19:5; Dt 10:14), este acontecimiento podría ser absolutamente posible. Como alternativas a este entendimiento tradicional, varias posibilidades han sido propuestas: (1) un eclipse solar (problemático, sin embargo, ya que el sol y la luna son descritos en oposición, no en conjunción); (2) imágenes poéticas (un día que parece que se prolonga en virtud de cuánto se logró); (3) un día en el cual el calor del sol fue reducido (quizás por una nube cubriéndolo), permitiendo que las tropas israelitas continuasen peleando; (4) una refracción de la luz (causando que la luz se mantuviese hasta que la batalla terminó). Una posición adicional propuesta más recientemente sugiere que (5) Josué está explotando el temor supersticioso cananita de un mal presagio, relacionado con la posición del sol y la luna "manteniéndose" en posiciones opuestas en el horizonte (el sol en Gabaón y la luna en Ajalón). Ninguna de estas propuestas carece de dificultades, sin embargo, cada una de ellas falla en hacerle justicia a la afirmación: «Y ni antes ni después hubo un día como aquel» (v. 14). Considerando al Dios hacedor de milagros de la Biblia, el entendimiento tradicional es más que posible (quizás 2 R 20:9-11; en paralelo con Is 38:8, donde la sombra del sol se mueve hacia atrás diez pasos). Aunque no hay suficiente información en la narrativa para determinar la naturaleza precisa

de ese día excepcional, el énfasis del autor, en cualquier caso, es de una respuesta extraordinaria de Dios a la oración de Josué.[39]

Entonces nos encontramos con la peligrosa posibilidad de acercarnos a la Biblia de una manera errónea, equivocando su propósito, naturaleza o énfasis particular. Por eso se hace necesario poder empezar nuestro estudio hermenéutico considerando las reglas básicas de acercamiento al texto bíblico que nos facilitarán un buen tránsito por sus diferentes páginas.

La Biblia es el consejo y la sabiduría de Dios revelados a nosotros usando como medio el lenguaje humano (Dt 29:29). Sin embargo, tanto el lenguaje como la cultura y las circunstancias milenarias en que los eventos y las enseñanzas bíblicas se desarrollaron generan la necesidad de un acercamiento más cuidadoso al texto para poder entenderlo en plenitud. Este cuidado no solo es necesario con el texto bíblico, sino también con cualquier otra expresión humana que esté circunscrita a un idioma específico, a situaciones y características particulares. Es evidente que el lenguaje humano y toda apreciación cultural experimentan cambios en el tiempo que podrían hacer que a un observador externo le cueste trabajo el poder encontrar el significado y la intención original de ciertas palabras, circunstancias y costumbres que no son de su tiempo y cultura. Fee y Stuart lo explican de la siguiente manera:

> Al hablar a través de personas de carne y hueso, en una variedad de circunstancias, en un tiempo mayor a 1500 años, la Palabra de Dios fue expresada en el vocabulario y en los patrones de pensamiento de aquellas personas condicionadas por la cultura de aquellos tiempos. Esto quiere decir que nuestra Palabra de Dios fue primeramente la Palabra para ellos. Si ellos iban a oírla, esta solo podía haber venido a través de los eventos y el lenguaje que ellos pudieran haber entendido. [...] Esta es la mayor razón por la que nosotros debemos interpretar la Biblia.[40]

Por ejemplo, sin ir muy lejos, veamos algunas variaciones del lenguaje contemporáneo. El lenguaje de las computadoras le es muy familiar a una gran mayoría de personas de nuestro tiempo cibernético, pero

---

[39] English Standard Version, 2008, nota a Josué 10:12-14.
[40] Fee & Stuart, 2014, p. 23.

le era completamente desconocido a una gran mayoría que vivió, por ejemplo, hasta finales de la década de los setenta del siglo XX. Mucho de este nuevo lenguaje informático depende del uso de cierta tecnología, y puede desaparecer repentinamente cuando esa tecnología se vuelva obsoleta y sea reemplazada por otra nueva y diferente. Pensemos solo en la palabra *disquete*, que tanto usamos por varios años. Esa palabra es ahora desconocida entre los jóvenes usuarios de computadoras de nuestro tiempo. Ellos necesitarían una buena explicación histórica acerca de la evolución del computador personal para poder entender cuán importante fue el disquete en su momento.

Existen también otras palabras que se escriben de la misma manera, pero cuyos significados cambian notablemente con el paso del tiempo. Tal es el caso de la palabra inglesa *gay*. El diccionario de la Universidad de Cambridge afirma que esta palabra antiguamente significaba "feliz", pero que ahora se usa casi exclusivamente para referirse a una persona homosexual, especialmente en referencia a un hombre.[41] Esta palabra se ve alterada por fuerzas sociales y culturales que le proveen un significado insospechado y completamente nuevo y diferente al original. Otras palabras, en cambio, mantienen en el tiempo su definición general, pero cambian su intención inicial debido a las variaciones en los valores y principios de la sociedad. La siguiente referencia es bastante esclarecedora:

> El primer diccionario del idioma inglés escrito por Noah Webster en 1828 define la palabra *inmoral* de esta forma: «Cada acción es inmoral cuando se opone a los preceptos divinos o si es contraria a las obligaciones que cada hombre tiene con los demás». Según esta definición, cualquier cosa contraria a la Palabra de Dios era considerada inmoral en esa época. [...] Hoy en día, el mismo diccionario Webster (*Webster's New World Dictionary*) define la palabra *inmoral* simplemente diciendo que es «aquello que no está en conformidad con los principios aceptados de lo que es bueno o malo». Dios ya no aparece en esa definición. [...] Cuando uno cambia la forma de pensar, cambia el vocabulario; cuando el vocabulario cambia, los diccionarios se adaptan para reflejar la forma de vivir de la gente de cada período histórico.[42]

---

[41] Cambridge, 2006, p. 516.
[42] Núñez, 2017, p. 5.

Estos pocos ejemplos nos demuestran la necesidad de no descuidar el estudio cuidadoso de las Escrituras, considerando de manera especial el significado de las palabras en sus lenguajes originales a través de una correcta exégesis y un metódico trabajo hermenéutico que permita desentrañar su sentido original para nuestros tiempos. Esta no es una tarea sencilla, pero tampoco es aburrida, imposible o tediosa. No estamos solos en la tarea, ya que podemos contar con un grupo de estudiosos, cristianos fieles de diferentes épocas, que se han ocupado de hacer el trabajo de precisar el sentido de la Palabra de Dios con fidelidad y esmero. Sin embargo, esto no significa que todo el trabajo ya esté hecho y que nuestra generación esté exenta del trabajo de interpretación bíblica. Por el contrario, nosotros también estamos obligados a desarrollar nuestro propio estudio de las Escrituras, apoyándonos primeramente, como lo hemos venido recalcando, en la dirección sobrenatural del Espíritu Santo (1 Co 2:11-13), y también consultando a los maestros que nos dejaron sus estudios y reflexiones en diferentes generaciones. Cada generación debe seguir el ejemplo de los de Berea, que «recibieron la palabra con toda solicitud, escudriñando diariamente las Escrituras, *para ver* si estas cosas eran así» (Hch 17:11; énfasis añadido). Justamente, el resultado de su preocupación por entender, obedecer y aplicar las Escrituras fue lo que permitió que muchos de ellos creyeran, «así como también un buen número de griegos, hombres y mujeres de distinción» (Hch 17:12).

CAPÍTULO CUATRO
Dificultades al interpretar la Biblia (Parte II)

Las brechas que dificultan el pleno entendimiento de la Biblia

Antes de pasar a definir más exactamente lo que se conoce como las "brechas" que dificultan nuestro entendimiento directo de las Escrituras, es necesario hacer una clarificación previa que nos ayudará a no perder de vista el valor único de la Palabra de Dios. En primer lugar, la Biblia, tiene relevancia eterna por ser la Palabra del Dios eterno, omnisciente y soberano (Mt 24:35). Esto significa que Dios ha hablado para que su pueblo esparcido por todas las épocas y culturas lo escuche y lo obedezca (Hb 4:12). Sin embargo, la Palabra del Señor no solo consiste en una serie de imperativos y órdenes morales entregados en forma de códigos, mandamientos y decretos.

Como ya he mencionado, su Palabra fue dada en un momento particular de la historia y, por lo tanto, en segundo lugar, la Palabra tiene particularidades históricas, culturales y lingüísticas (entre otras) que están relacionadas con el carácter antropomórfico y fenomenológico de las Escrituras. Todo esto debe ser considerado con cuidado para poder tener un entendimiento completo de lo que el Señor ha dicho y está tratando de enseñarnos en la actualidad. Estas particularidades no le quitan valor y pertinencia al mensaje bíblico. Por el contrario, como dicen Fee y Stuart: «El hecho de que la Biblia tenga un lado humano es nuestro incentivo; y es también nuestro desafío, y la razón por la que necesitamos interpretarla».[43] En tercer lugar, Martín Lutero defendió

---

[43] Fee & Stuart, 2014, p. 21.

la claridad de las Escrituras sobre cualquier argumento que afirmaba que las Escrituras eran oscuras y difíciles de entender. Como bien lo entendió el reformador, el problema no radicaba en la oscuridad de la Palabra, sino en el entendimiento humano que está oscurecido por el pecado (2 Co 3:15; 4:3, 4). Lutero analiza esta idea de la siguiente manera:

> Para ser breve, hay una doble claridad en las Escrituras, aun cuando hay también una doble oscuridad: la primera es externa, contenida en el ministerio de la Palabra; la otra, interna, la cual consiste en el conocimiento que es del corazón. Si tú hablas de esta claridad interna, nadie puede discernir ni una *iota* de las Escrituras, sino solo aquellos que tienen el Espíritu de Dios. Todos los hombres tienen el corazón endurecido: así que aun si ellos pudieran ser capaces de citar cada pasaje de las Escrituras, ni entenderían ni sabrían verdaderamente nada de lo que está contenido en esos pasajes. [...] Porque el Espíritu es necesario para entender toda la Escritura, y cualquiera de sus partes. Pero si tú hablas de la claridad externa, nada ha sido dejado oscuro o ambiguo; sino que todas las cosas que están contenidas en las Escrituras han sido sacadas a completa luz, y declaradas al mundo entero, por el ministerio de la Palabra.[44]

Lo que Lutero planteaba era que las Escrituras tienen una claridad externa que se obtiene a través de la aplicación de las leyes de la gramática al texto (principios hermenéuticos). La claridad interna solo se logra mediante la iluminación del Espíritu Santo, quien guía al intérprete a encontrar el sentido final y auténtico del texto bíblico. Lo que debe quedar claro es que estos dos elementos no son excluyentes y no se debe cometer el error de pensar que al Espíritu Santo solo le interesa dirigirnos a entender el texto de manera sobrenatural o mística. Por el contrario, el estudio sistemático y diligente de la Biblia es mostrado como una virtud y una necesidad en muchos de sus mismos textos (Jn 5:39; Sal 119; 1 Tm 4:13, 16).

La brecha del lenguaje

Los libros de la Biblia fueron escritos originalmente en hebreo, griego y arameo. Aunque las diferentes versiones de la Biblia se han esforzado

---

[44] Lutero, 1823, pp. 22-23.

en entregarnos una traducción fidedigna, es necesario igualmente que, algunas veces, nos adentremos en las lenguas originales para poder encontrar el significado más preciso de una palabra o una frase. Por ejemplo, en Hechos leemos: «Después que todos caímos al suelo, oí una voz que me decía en el idioma hebreo: Saulo, Saulo, ¿por qué me persigues? Dura cosa te es dar coces contra el aguijón» (Hch 26:14). En el lenguaje original lo veríamos de la siguiente manera:

πάντων	τε	καταπεσόντων	ἡμῶν	εἰς	τὴν	γῆν	ἤκουσα	φωνὴν
Panton	te	katapesonton	hemon	eis	ten	gen	ekousa	fonen
Y después	que todos	caímos	nosotros	a	el	suelo	oí	una voz

λέγουσαν	πρός	με	τῇ	Ἑβραΐδι	διαλέκτῳ	Σαοὺλ	Σαοὺλ	τί	με διώκεις
legousan	pros	me	te	hebraidi	dialecto	Saoul	Saoul	ti	me diokeis
que decía	a	mí	en el	hebreo	idioma	Saulo	Saulo	por qué	me persigues

σκληρόν	σοι	πρὸς	κέντρα	λακτίζειν
skleron	soi	pros	kentra	laktizein
cosa dura	te (es)	contra	aguijones	dar coces

Todo el pasaje parece bastante claro hasta que nos topamos con la frase «dar coces contra el aguijón». Lo leemos y no nos queda más remedio que preguntarnos qué significan esas palabras. Al hacer un análisis exegético del texto, podemos aprender que esta es una ilustración tomada del mundo agrícola y muy conocida en el mundo mediterráneo.[45] En esa época, los bueyes, que eran entrenados para el trabajo en el campo y como animales de carga, con frecuencia daban patadas y se negaban a avanzar. Para amansarlos y domesticarlos se colocaba un clavo puntiagudo en la punta de una vara, de manera que cuando dieran patadas se hirieran con el aguijón y así, para evitar el dolor, se fueran sometiendo a la voluntad de sus amos.[46]

---

[45] Cf. Kistemaker, 2007, p. 965.
[46] "Arando con bueyes". Esta es una imagen en miniatura de un manuscrito del siglo XVI. El agricultor de la derecha tiene una vara con un final puntiagudo con el cual está domando al buey chúcaro. El documento está en el Museo Británico en Londres.

Luego de haber entendido los términos, podríamos aplicar el texto diciendo que lo que el Espíritu le estaba diciendo a Pablo es que no podía seguir rebelándose contra el Señor, sino que debía someterse de una vez por todas. Este es un claro ejemplo de una brecha de lenguaje que debemos aprender a saltar.

Por otro lado, debemos reconocer que, aunque nuestras traducciones tratan de ser lo más fidedignas posibles al texto original y su significado, sin embargo, no llegan a captar algunos matices que solo el lenguaje original trae consigo. Tal es el caso de las profecías de Isaías, que fueron escritas en un apasionado lenguaje poético. Por ejemplo, Isaías juega en un versículo con un par de palabras fonéticamente muy similares pero con significados opuestos que, lamentablemente, en español no ha sido posible transmitir en su riqueza rítmica (5:7).

וַיְקַו	שַׁעֲשׁוּעָיו	נְטַע	יְהוּדָה	וְאִישׁ יִשְׂרָאֵל	בֵּית צְבָא֫וֹת	יְהוָה	כֶּרֶם כִּי
y él esperaba	delicioso de él	plantío	Judá	Israel, y los hombres de	la casa de	de los ejércitos	Ciertamente la viña del SEÑOR

ס : צְעָקָה	וְהִנֵּה	לִצְדָקָה	מִשְׂפָּח	וְהִנֵּה	לְמִשְׁפָּט
clamor TSEHAQÁ[47]	pero he aquí	justicia TSEDAQÁ	derramamiento de sangre MISHPÁJ	pero he aquí	equidad MISHPÁT

Como ya he mencionado, los traductores se han preocupado por mantener el sentido y el significado del texto, pero la riqueza poética se pierde por falta de similaridad fonética. Lo mismo podría suceder con una frase en español que, por su rima, es muy directa en su significado: «Bueno es cilantro, pero no tanto». Si, por ejemplo, la traducimos al inglés, la frase no mantiene su fuerza poética, pero sí su significado: «Good is coriander, but not too much». Con esto no estoy planteando que solo si dominamos los idiomas originales podremos disfrutar del texto bíblico. Lo que sí podría sugerir es que se hace necesario leer varias versiones de la Biblia para descubrir los diferentes matices lingüísticos expuestos por los traductores, y también revisar comentarios y léxicos con el fin de aprender sobre los diferentes matices idiomáticos que no aparecen en nuestras traducciones.

La brecha cultural

Esta brecha está relacionada con las manifestaciones culturales expresadas en el texto bíblico y que son ajenas a la cultura del intérprete. Por

---

[47] Para hacer notar el valor del ritmo, podría decirse: «Y él esperaba *alegría*, pero he aquí *apatía*; *verdad*, pero he aquí *falsedad*».

ejemplo, en la historia de Jacob, Raquel y Lea (Gn 29), se nos dice que Jacob trabajó siete años para que Raquel, el amor de su vida, le fuera entregada en matrimonio por Labán, su suegro. El día de la noche de bodas, Labán, en lugar de entregarle a Raquel, le entrega a Lea, su hija mayor. Aparentemente, Jacob no se dio cuenta del cambio hasta la mañana siguiente, en que airadamente le reclama a su suegro por el engaño (Gn 29:25). ¿Cómo es posible que no se diera cuenta? ¿Cómo es que no notó que le cambiaron la esposa? El texto mismo solo relata el suceso porque los lectores originales podían entender perfectamente lo que estaba sucediendo. Pero para nosotros, que no somos orientales y vivimos muchos siglos después de los acontecimientos, nos es imposible entender lo que pasó sin que antes recibamos una explicación de las costumbres de la época.

La explicación es la siguiente: era costumbre en los tiempos de Jacob que, en la noche de bodas, el novio esperase fuera de la tienda nupcial mientras la novia estaba dentro completamente cubierta con un velo, que no se descubría hasta el día siguiente. El novio entraría en la tienda, que seguramente estaría a oscuras o con una luz mínima, y todo sucedería bajo un manto de oscuridad y silencio, y el velo no sería levantado hasta el amanecer. Sin esta explicación, podríamos llegar a pensar que Jacob estaba ebrio o que la historia es una farsa incomprensible. Por otro lado, la explicación que Labán da sobre la costumbre de entregar en casamiento a la hija mayor antes que a la menor cobra sentido para entender el problema y el desenlace (v. 26). El silencio y el acatamiento de Jacob son muestras evidentes de que no pudo rebatir tal afirmación. Aunque podemos entender las palabras del texto, lo importante es clarificar el pasaje desde un punto de vista cultural. Solo así podremos entenderlo a cabalidad.

La brecha histórica

Esta brecha está relacionada con el desconocimiento que tengamos del marco histórico en que los sucesos bíblicos acontecieron. Por ejemplo, Lucas dice que «durante el sumo sacerdocio de Anás y Caifás, vino la palabra de Dios a Juan, hijo de Zacarías, en el desierto» (3:2). Los que tienen un conocimiento básico de las Escrituras saben que solo había un sumo sacerdote. ¿Cómo es que en este pasaje aparecen dos sumos sacerdotes al mismo tiempo? Lucas simplemente describe la realidad, pero no da ninguna explicación al respecto. Así pues, es necesario recurrir a los documentos históricos de la época para poder clarificar esta situación. Anás fue nombrado sumo sacerdote por Cirenio (51 a. C.–21 d. C.), gobernador de Siria, y gobernó desde el 6 hasta el 15 d. C. Sin embargo, Alfred Edersheim nos informa que «después de detentar el pontificado durante nueve años, fue depuesto, y le sucedieron otros [de entre sus propios hijos], de los cuales el cuarto fue su yerno Caifás».[48] A través de Flavio Josefo, el famoso historiador judío, podemos saber que Anás era considerado como un hombre insolente, de mal carácter y cuyos sucesores no fueron mejores que él. Edersheim clarifica el tema de la dupla sumosacerdotal diciendo que «probablemente indica que, aunque Anás había sido depuesto del pontificado, todavía seguía presidiendo sobre el sanedrín».[49]

De manera práctica, nuestras preguntas sobre hechos y referencias históricas cuya explicación aparece en el texto pueden ser resueltas buscando respuestas en un buen comentario bíblico. Kistemaker dice al respecto (refiriéndose a Hechos 4:6, donde se menciona a Anás y Caifás):

> Según los Evangelios, Caifás era el sumo sacerdote (Mt 26:3, 57; Jn 11:47-53; 18:13, 14, 24, 28). Anás, sin embargo, había fungido como el sumo sacerdote por cerca de una década (6–15 d. C.), pero había sido depuesto por el emperador romano Valerio. Anás era una persona de mucha influencia que pertenecía al partido de los saduceos y fue renuente a ceder autoridad. Sin embargo, se aseguró de que miembros de su familia continuaran sucediéndole, lo que le permitió extender su poder y, al mismo tiempo, conservar su título de sumo sacerdote (Lc 3:2; Jn 18:13, 24). Cinco de sus hijos, así como su yerno Caifás y un nieto fueron sumos sacerdotes en intervalos sucesivos. De esta manera la familia de Anás mantuvo y consolidó su poder en el sanedrín.[50]

La brecha literaria

Ya he mencionado que el texto bíblico no fue escrito solo como un código repleto de ordenanzas y mandamientos. Por el contrario, el texto bíblico es riquísimo en cuanto al uso de diferentes géneros literarios: narraciones históricas, genealogías, crónicas, códigos legales, poesía,

---

[48] Edersheim, 1988, Vol. I, p. 307.
[49] *Ibid.*, p. 308.
[50] Kistemaker, 2007, p. 161. Cf. Bruce, 2012, p. 109 y ss.

proverbios, narraciones biográficas, parábolas, cartas, sermones, profecías, etc. Así como existen leyes generales de interpretación de la Biblia, también debemos considerar principios especiales que nos ayuden a interpretar correctamente los diferentes géneros literarios. Por ejemplo, el libro de los Salmos tiene características muy particulares y diferentes a las de cualquier otro libro de la Biblia. Algunos salmos, como el famoso Salmo 23, crean una identificación inmediata en términos emocionales y espirituales. El Señor es presentado como un buen pastor, y los creyentes, como las ovejas que reciben su poderoso cuidado en medio de las vicisitudes de la vida. Pero hay otros salmos que no son tan populares porque no producen esa identificación inmediata con el lector, sino que pueden producir hasta rechazo y desconcierto.

Lo primero que debemos considerar es que todos los salmos fueron escritos en lenguaje figurado y poético. Así, por ejemplo, los creyentes se cubren bajo la sombra de las «alas» del Señor (Sal 17:8; 36:7; 57:1; 61:4; 63:7; 91:4), y también pueden anhelar «alas de paloma» que les permitan huir de una situación difícil (55:6), o tratar de huir de Dios tomando «las alas del alba» e ir a habitar «en el otro extremo del mar» (139:9). El lenguaje de los salmos es particularmente emotivo y figurativo, ya que intenta cautivar el alma a través del corazón. Además, los salmos no fueron diseñados para ser leídos o estudiados en solitario, sino para ser cantados por la congregación durante sus ceremonias religiosas y acompañados por instrumentos musicales. Es así que los diferentes versos buscan impactar las vidas de los creyentes, impulsándolos a percibir una verdad espiritual que la simple prosa o explicación doctrinal no proveería de manera satisfactoria. Ya estudiaremos más profundamente este género, pero por lo pronto prestemos atención a esta excelente explicación de Fee y Stuart:

> Muchas personas tienen una pobre apreciación de la poesía. La poesía parece una manera confusa y extraña para expresar las cosas, como si esta fuera diseñada para hacer que las ideas fueran menos, en vez de más, entendibles. Nuestra cultura pone poco énfasis en la poesía, excepto cuando hablamos de música popular, aunque esta normalmente contiene una pobrísima calidad poética, cursi y superficial. Sin embargo, en algunas culturas modernas, y en muchas de las antiguas, la poesía fue altamente valorada como un medio de expresión. Epopeyas enteras y recuerdos clave, tanto históricos como religiosos, fueron preservados en poesía. Decimos "preservados"

porque una ventaja significativa de la poesía sobre la prosa radica en que la primera es más fácil de memorizar. Un poema tiene un cierto ritmo, ciertos balances y cierta estructura general. Esto le provee regularidad y orden. Una vez que es aprendida, la poesía es mucho más difícil de olvidar que la prosa.[51]

Sin antes descubrir su intención poética, es difícil, por ejemplo, encontrar sentido a palabras como las que leemos a continuación:

Hija de Babilonia la desolada,
bienaventurado el que te diere el pago
de lo que tú nos hiciste.
Dichoso el que tomare y estrellare
tus niños contra la peña. (Sal 137:8, 9).

¿Cómo podemos interpretar este verso poético? Era evidente que los judíos habían sufrido situaciones similares por parte de los babilonios y ellos esperaban la justicia divina ya profetizada (Jr 51:24). Esa expresión poética tan chocante no era una invitación a la perversidad y la venganza, sino una «vívida aplicación del principio del *talión*, en donde el castigo debería ser acorde con el crimen (Gn 9:6; Ex 21:23, 24)».[52] Justamente, cuando Isaías (13:1-16) profetiza sobre la caída de Babilonia, no dice que los judíos devolverán con la misma moneda lo hecho por los babilonios. Por el contrario, él habla de «los medos», que:

Con sus arcos barrerán a los jóvenes,
no tendrán misericordia ni aun del fruto del vientre,
tampoco de los niños tendrán piedad sus ojos. (Is 13:17, 18)

Deberemos tener la misma acuciosidad con cada género literario que encontremos en las Escrituras. Saber si un libro fue escrito como historia o como profecía y, al mismo tiempo, saber reconocer sus características es sumamente importante para realizar una correcta interpretación del texto. Por ejemplo, la diferencia entre un libro histórico como Hechos de los Apóstoles y el libro teológico de Romanos es monumental. En el libro histórico uno está leyendo lo que ocurrió en algún momento

---

[51] Fee & Stuart, 2014, pp. 197-198.
[52] English Standard Version, 2008, pp. 1, 114.

específico y para un grupo específico de personas, por lo que no significa necesariamente que la situación se pueda repetir o generalizar su contenido. Por ejemplo, Ananías y Safira mintieron y cayeron muertos por su mentira (Hch 5), pero eso no establece que cada vez que alguien mienta morirá de forma inmediata, dramática e irremediable. En el mismo libro, Pablo le dice al carcelero: «Cree en el Señor Jesús, y serás salvo, tú y toda tu casa» (16:31). Algunos podrían estar sufriendo al pensar que esa "promesa" no se está cumpliendo en sus vidas y que quizás "algo" están haciendo mal en su cristianismo. Pero la misma persona que reclama que este acontecimiento en la vida del carcelero también se cumpla en su vida, no está pensando que morirá repentinamente si dice una mentira. Como resultado, tenemos dos textos, ambos históricos, que son interpretados de manera completamente distinta y antojadiza. Por eso, antes de establecer una doctrina general de un texto de un libro histórico, lo que tengo que hacer es buscar si existe algún principio doctrinal que sustente esa generalización en algún libro no histórico, como Romanos o Efesios, que son cartas normativas y no solo descriptivas.

La brecha textual

Dado que la Biblia es un libro antiguo que fue copiado manualmente y con materiales que no perduraban en el tiempo, es necesario tener mucho cuidado en la manera en que evaluamos las diferentes familias de textos que han sido preservados hasta la actualidad. Algunos de ellos fueron trabajados con mucho cuidado, otros fueron copiados con la misma minuciosidad y a algunos hasta se les han insertado notas y comentarios de los diferentes copistas.

No queremos dejar este último punto sin mayores aclaraciones. Por eso tomaremos un poco de tiempo para escuchar a los expertos hablarnos del proceso de copiado y transcripción de las Escrituras que, en los tiempos antiguos, era un laborioso trabajo manual que requería mucho cuidado y hasta una gran destreza artística. H. S. Miller nos explica el proceso de la siguiente manera:

> Las copias fueron hechas a mano de manera laboriosa. Ahora supongamos que uno debe escribir un manuscrito de cien páginas y deja que diez personas lo copien del original o de una copia; ¿cuántas variaciones pueden aparecer? Supongamos que cien personas deben hacer copias. Algunos copistas son más exactos que

otros, pero por las características del trabajo, no es fácil hacerlo sin errores ni variaciones. Ahora supongamos que el trabajo es hecho en griego además del inglés. Esto sería parejo para quien está familiarizado con el griego, pero ¿habrá variaciones? Además, supongamos que el griego está en el estilo de unciales o mayúsculas, con pocos o ningún acento, sin pausas, puntuaciones o espacios entre las palabras. Todas ellas corren juntas, como:
ELLIBRODELAGENERACIONDEJESUCRISTO

Existe el famoso ejemplo en inglés de Souter: «HAVEYOUSEENABUNDANCEONTHETABLE?» que podría traducirse como: «¿Has visto abundancia en la mesa?» o «¿Has visto un pancito bailar en la mesa?». ¿Habrá variaciones? Supongamos que muchas de las copias son hechas de copias, algunas de las cuales no están claramente escritas. ¿Habrá variaciones? ¿Cientos de ellas? Correcto. [...] Los manuscritos hebreos fueron copiados por una clase oficial de copistas, bajo reglas estrictas, conformando una norma; ellos la preservaron cuidadosamente, y con sumo cuidado las cambiaron cuando estaban viejas y gastadas. [...] En el caso del Nuevo Testamento, hay muchos manuscritos y otros documentos, copiados en varias partes del mundo y no por una clase oficial, algunos cuidadosos, otros descuidados.[53]

¿Con cuántas copias contamos y de cuántas variaciones posibles hablamos?

Después de la conversión de Constantino se produjo un cambio tan radical en la situación de los cristianos, que el famoso A. T. Robertson, autor de la más completa gramática del Nuevo Testamento griego, escribió en 1935: «Existen unos 8000 manuscritos de la Vulgata Latina y, cuando menos, 1000 códices de las otras versiones primitivas en griego y otras lenguas. Desde entonces se han descubierto unos 5000 manuscritos griegos y latinos, resultando un total de 13 000 copias manuscritas completas de ejemplares o porciones del Nuevo Testamento desde el siglo IV a 1480 d. C., aproximadamente.[54]

---

[53] Miller, 1937, pp. 278-279.
[54] Vila, 1990, pp. 168-169.

En 1707, John Mill estimó en 30 000 las variantes de lectura en los manuscritos del Nuevo Testamento. En 1874, Scrivener los estimó en 150 000. Ahora se señala en alrededor de 200 000, y el número se ve incrementado, a medida que más manuscritos son comparados críticamente. [...] Esas variaciones incluyen diferentes puntos como diferencias en ortografía, transposición de letras, palabras y cláusulas, orden de palabras, orden de oraciones, reduplicaciones, etc. [...] De esas variaciones, 400 afectan el sentido; y de estas, solo 50 tienen una real importancia. Ninguna doctrina es afectada y, a menudo, casi nunca la traducción es afectada.[55]

Existe una gran cantidad y variedad de textos antiguos de la Biblia (completos, incompletos, prolijos y descuidados) que permiten tener una idea muy exacta de los orígenes de las posibles variaciones o de los cambios estructurales en los diferentes textos. Esto no solo se logra con los manuscritos específicos, sino que también, como dice Samuel Vila, «se ha constatado que podría reproducirse casi enteramente todo el Nuevo Testamento copiándolo de las citas de los primitivos escritores cristianos de fechas 90 a 500 d. C.».[56] En pocas palabras, «la gran ventaja de contar con una gran multitud de manuscritos es que es más fácil reconstruir el original (autógrafo)».[57]

Básicamente, los estudiosos bíblicos trabajan sobre tres diferentes tipos de manuscritos: (1) manuscritos griegos que están divididos en unciales (escritos en mayúsculas) y minúsculas (de era más temprana); (2) fragmentos con porciones pequeñas de las Escrituras; (3) leccionarios que contienen selecciones del Nuevo Testamento que eran leídos en los servicios de las iglesias. Entre todos ellos suman varios miles de manuscritos. Entre los más importantes manuscritos podemos encontrar cuatro que son de los más antiguos y los de más valor:

---

[55] Miller, 1937, p. 279.
[56] Vila, 1990, pp. 168-169.
[57] McDowell, 1982, p. 51.

NOMBRE	FECHA	LENGUA	UBICACIÓN	CONTENIDO Y OMISIONES	HISTORIA
SINAÍTICO	340	Griego	Museo Británico. Propiedad del gobierno inglés y la Iglesia anglicana.	A. T. (trad. LXX). Incluye la apócrifa, el N. T., la E. de Bernabé y el P. de Hermas. Le falta la mitad del A. T. y la apócrifa. Mc 16:9-20 y Jn 7:53–8:11.	Fue encontrado en el Monasterio de Santa Catalina del monte Sinaí (1844). Estaba abandonado como viejo en un cesto de papeles y listo para ser quemado. En 1860 fue regalado al zar de Rusia. El pueblo inglés lo compró en 1933 a la Unión Soviética por 150 000 libras.
VATICANO	350	Griego	Biblioteca Vaticana. Propiedad de la Iglesia católica.	A. T. (trad. LXX) con la apócrifa (excepto Macabeos y la Oración de Manasés). Omite Gn 1:1–46:28; 2 R 2:5-7, 10-13; Sal 106:27–138:6; Mc 16:9-20; Jn 7:53–8:11; Hb 9:14. El final del N. T. incluyendo las epístolas pastorales, Filemón y Apocalipsis. Las epístolas generales no se perdieron por estar ubicadas después de Hechos.	Es probable que haya sido escrito en Egipto. Apareció en el catálogo de la Biblioteca Vaticana en 1481. Se supone que fue llevado allí por el papa Nicolás V en 1448 al inaugurar la biblioteca.
ALEJANDRINO	450	Griego	Museo Británico, Londres.	El A. T. (LXX) con la apócrifa y el N. T.; también al final están 1 y 2 Clemente y los Salmos de Salomón.	Fue escrito en Alejandría. Fue transferido a Constantinopla. En 1624 fue entregado al rey de Inglaterra (James I).
EFRAÍMICO	450	Griego	Biblioteca Nacional de París. Propiedad del gobierno francés.	La Biblia griega con el A. T. y el N. T. Las omisiones son: gran parte del N. T. Excepto partes de Job, Proverbios, Eclesiastés, Cantares, Sabiduría, Eclesiástico; también 2 Tesalonicenses, 2 Juan y partes de otros libros del N. T.	Fue escrito en Egipto, probablemente en Alejandría. Fue llevado a Italia alrededor del 1500. Fue propiedad de Catalina de Médici, esposa y madre de reyes franceses. Ella decidió llamarlo "los sermones de Efraín". A su muerte, pasó a posesión de la Biblioteca Nacional de París.

Dificultades al interpretar la Biblia (parte ii)

Pondré algunos ejemplos de los errores que es posible encontrar en los diferentes manuscritos de la Biblia:

REPETICIONES	«Jesús Barrabás o Jesús...» (Mt 27:17).
OMISIONES	1 Jn 2:23 omite la primera parte, confundiéndola con el verso anterior. ...ΟΑΡΝΟΥΜΕΝΟΣΤΟΝΠΑΤΕΡΑΚΑΙΤΟΝΥΙΟΝΠΑΣΟΑΡ ΝΟΥΜΡΝΟΣΤΟΝΥΙΟΝΟΥΔΕΤΟΝΠΑΤΕΡΑΕΞΕΙ...
TRANSPOSICIÓN DE LETRAS, PALABRAS	En 2 Cr 3:4, el largo y el ancho son iguales, lo que es diferente de 1 R 6:3.
ORTOGRAFÍA	Ap 1:5 se cambia λυσαντι (libertar) por λουσαντι (lavar).
INSERCIONES COMENTARIOS EXPLICACIONES	Jn 5:4 no está en algunos manuscritos, y en los que está, aparece con variantes. Adición para aclarar la razón por la que los enfermos se encontraban en ese lugar. Rm 8:1: «Los que no andan conforme a la carne sino conforme al Espíritu»; algunos lo suponen como explicación. 1 Co 6:20: «... y vuestro espíritu, los cuales son de Dios».
ERROR AL ESCUCHAR	Rm 5:1 difiere en «tenemos» (ἔχομεν) por «tengamos» (ἔχωμεν).
MEMORIA	Mt 18:28, «paga lo que debes» por «págame lo que me debes».
IGNORANCIA	1 S 13:1: «Saúl tenía [ ] años cuando empezó a reinar». El número "dos" puede estar incompleto.

Añadiré otro ejemplo que ilustre cómo encontrar el puente que nos permita sortear la brecha textual. El episodio de la mujer encontrada en adulterio (Jn 8:1-11) no está incluido en algunos de los manuscritos más escrupulosos. Sin embargo, el texto ha permanecido en el Nuevo Testamento. William Hendriksen explica las razones para su permanencia de la siguiente manera:[58]

RAZONES NEGATIVAS	RAZONES POSITIVAS
Los manuscritos más antiguos y mejores no contienen este relato.	Sin embargo, se encuentra en los manuscritos unciales y los cursivos que se basan en ellos.
Algunos comentaristas como Orígenes y Crisóstomo no comentan este pasaje.	El relato armoniza perfectamente con el contexto del Evangelio y con el carácter de Jesús.

---

[58] Hendriksen, 1981, pp. 298-299 (texto adaptado del original).

Algunos estudiosos contemporáneos lo consideran como una glosa marginal, un error de transcripción o una anécdota que debería omitirse.	Papías, discípulo del apóstol Juan, parece haberlo conocido y usado en sus sermones. Agustín comentaba que la razón de algunos para quitar el pasaje era porque podría fomentar la promiscuidad entre las mujeres.
Conclusión: «Si bien no se puede probar ahora que este relato formó parte integral del cuarto Evangelio, tampoco es posible probar lo opuesto en forma definitiva. Creemos, además, que lo que se relata realmente tuvo lugar, y no contiene nada que esté en conflicto con el espíritu apostólico».	

La brecha del lector

Esta brecha puede observarse desde el punto de vista del mismo texto bíblico y desde el punto de vista del intérprete. Por un lado, existe el problema de que, en algunos casos, se desconocen las circunstancias o las preguntas que propiciaron determinadas respuestas bíblicas. Por otro lado, las preguntas y los prejuicios con los que el intérprete contemporáneo se acerca al texto bíblico pueden llevarlo a asumir que el texto está proveyéndole una respuesta que puede ser totalmente ajena al sentido original con el que el texto fue escrito.

Un buen ejemplo para el primer caso está en la primera carta de Pablo a los corintios: «En cuanto a las cosas de que me escribieron, bueno es para el hombre no tocar mujer» (7:1). La respuesta de Pablo es bastante fuerte y directa en su consejo, y sus palabras han sido tomadas en diferentes épocas como una condena absoluta a la sexualidad, un menoscabo a la mujer al considerarla como una fuente intrínseca de pecado, o como una justificación para el celibato como un estado superior de espiritualidad. Sin embargo, esta sección es la respuesta del apóstol a ciertas preguntas específicas, formuladas por sus discípulos, que nosotros desconocemos. Al mismo tiempo, también ignoramos las circunstancias en que se produjeron estos interrogantes. Todo el capítulo corresponde a una serie de recomendaciones sobre el matrimonio, la separación y las relaciones de pareja, a las que Pablo responde con pasión y de manera directa. Una correcta interpretación del pasaje demandaría que el intérprete intente reformular las preguntas y las características de la sociedad de Corinto del tiempo de Pablo con el fin de establecer un contexto fidedigno que permita iluminar el texto y la posible intención del Señor. Por ejemplo, F. F. Bruce comenta, al respecto de la ciudad de Corinto:

> Durante mucho tiempo, Corinto fue un rival político, comercial y naval de Atenas. En el 146 a. C., el general romano L. Mumio arrasó Corinto en salvaje represalia por una revuelta contra Roma y el sitio quedó desierto durante un siglo. Luego, en el 44 a. C., la ciudad fue fundada otra vez por Julio César, quien le dio la condición de colonia romana, con el título *Laus Iulia Corinthus* (Corinto, la alabanza de Julio). En el 27 a. C. llegó a ser el asiento de la administración romana de la provincia de Acaya. Corinto no tardó mucho en recuperar su antigua prosperidad comercial. En días anteriores había adquirido notoriedad por la licencia sexual, extraordinaria aun en la antigüedad clásica, y al recuperar la prosperidad comercial, la Corinto romana volvió a ganar algo de su antigua fama. Resulta claro para los lectores de la correspondencia corintia de Pablo que la comunidad cristiana que fundó allí tuvo dificultades en mantener el nivel de conducta sexual que requería el evangelio.[59]

La segunda brecha del lector está relacionada con las circunstancias y los prejuicios o preconceptos con los cuales el intérprete arriba al texto que busca interpretar. Como ya vimos en la introducción, muchos lectores se acercan al texto bíblico para encontrar una justificación a sus propias creencias, antes que buscar de manera diligente y humilde la verdad que el texto encierra entre sus palabras. A esa falsa actitud la hemos denominado *eiségesis*, y de ella ya hablamos anteriormente. Esta brecha del lector está más relacionada con un intérprete bien intencionado que está buscando la verdad del texto a través de un estudio diligente, pero que, al mismo tiempo, debe reconocer que está condicionado por otros factores (teología personal, prejuicios, emociones, cultura, religiosidad, circunstancias, etc.) que pueden alterar su entendimiento al momento de estudiar un pasaje de la Biblia.

Debido a que no podemos ser completamente neutrales, el intérprete sinceramente debe someter todos esos factores a un profundo análisis crítico, reconociendo humildemente que algo conoce, pero que es mucho más lo que le falta por conocer, sometiendo sus interpretaciones

---

[59] Bruce, 2012, pp. 405-406.

a la evaluación de otros y buscando ser prudente en cualquiera de sus conclusiones (Is 66:2). Finalmente, como cristianos, ya hemos reconocido que toda interpretación bíblica es un regalo de Dios a través de su Espíritu (Jn 16:13), y solo manteniendo una vibrante dependencia de Dios podremos arribar a la verdad liberadora del texto bíblico (2 Pd 1:19-21).

CAPÍTULO CINCO
Reglas y pasos básicos de interpretación bíblica.
Interpretando las epístolas

Reglas básicas de interpretación bíblica

Lo que veremos a continuación son las principales reglas de interpretación que nos permitirán transitar por las Escrituras con seguridad, sabiduría y de manera fructífera. Aunque podría sonar como algo muy teórico, el entendimiento cabal de estas reglas es fundamental al momento de interactuar con la Biblia. Es por eso que pasar un tiempo definiéndolas y proveyendo algunos ejemplos significativos es como leer y aprenderse bien las reglas de tránsito antes de lanzarse a las pistas y enfrentarse a situaciones reales que demandarán reacciones rápidas y también precisas.

Regla 1: La perspicuidad de las Escrituras
Esta palabra un tanto extraña significa que, básicamente, las Escrituras están claramente expuestas y, en esencia, en su mensaje principal y central, tienen una claridad meridiana. Con esto no estoy diciendo que absolutamente todos los textos son fáciles de entender, ni tampoco que la Palabra de Dios carece de complejidad. Los que estamos familiarizados con los diferentes libros de la Biblia sabemos que esto no es cierto. Sin embargo, si gozamos de la iluminación del Espíritu y estamos comprometidos con un estudio bíblico cuidadoso, esos textos oscuros pueden iluminarse con otros textos más claros. Asimismo, *lo esencial*

del evangelio siempre está claramente expuesto para que pueda ser entendido por cualquier persona.

Debo precisar que el principio de la claridad escritural no debería propiciar un estudio superficial o disipado de la Biblia. Por el contrario, saber que la Escritura es esencialmente clara nos debería dar la confianza para introducirnos por sus túneles sin temor a derrumbes repentinos o caminar por sus senderos sin temer quedar atrapados en laberintos interminables. José Martínez explica esta realidad crítica y le añade un excelente ejemplo:

> Cierto es que algunos pasajes de la Escritura son muy claros. Lo son especialmente aquellos que se refieren al plan de Dios para la salvación del hombre y para su orientación moral. Pero aun en estos casos los textos solo son comprendidos en la plenitud de su significado cuando se analizan concienzudamente. No hay en toda la Biblia un versículo más fácil de entender que Juan 3:16. Resulta comprensible aun para la mente más simple. Sin embargo, lo incomparable de su riqueza espiritual solo se aprecia cumplidamente cuando se ahonda en los conceptos bíblicos expresados por los términos "amor", "Hijo Unigénito", "creer", "perdición" y "vida eterna".[60]

Cuando Pedro les habla a sus discípulos acerca de que en los escritos de Pablo hay algunos puntos difíciles de entender, él no garantiza una resolución milagrosa o instantánea a la dificultad (2 Pd 3:15, 16). Lo que plantea es una advertencia en contra de la ignorancia, la indiferencia y la superficialidad. Él afirma que las cosas difíciles de entender se pueden prestar para que los ignorantes —en vez de examinar concienzudamente las Escrituras, analizar los textos sin prisas, preguntar a sus hermanos, consultar libros o ir donde sus maestros y autoridades— acaben torciendo el significado de la Palabra con interpretaciones antojadizas que finalmente producen su propia confusión. Pedro advierte de que este problema no concluye con una interpretación equivocada de algún texto de la Biblia, sino que al final se termina pervirtiendo el significado de toda la revelación de Dios.

---

[60] Martínez, 2013a, p. 20.

Regla 2: La Biblia está escrita en un lenguaje antropomórfico y fenomenológico

Ya he hablado de estos términos en una oportunidad anterior, por lo que solo quisiera hacer algunas precisiones. Ya que la Biblia ha sido escrita en un lenguaje humano, no puedo negar las limitaciones que este medio tiene para comunicar las realidades que el Señor quiere expresar; pero no por eso puedo concluir que el lenguaje humano es inadecuado. No es incorrecto porque:

a) La Biblia no está escrita para los ángeles, sino para los seres humanos y sus realidades.

b) La Biblia no es finalmente la revelación del Dios que habita en el cielo, sino su actividad en medio de la humanidad y su revelación para esos mismos seres humanos. En ambos casos, no hay mejor medio para relacionarse con hombres y mujeres que el lenguaje que ellos usan para comunicarse y describir su realidad interior y su mundo exterior.

c) Es evidente que el lenguaje humano, para ser veraz y preciso, no necesariamente tiene que pretender ser científico y tecnológico. Los escritores de la Biblia escribieron de lo que vieron y oyeron con veracidad testimonial y de acuerdo con lo mejor de sus conocimientos. Por eso, como dice R. C. Sproul: «Si leemos las narraciones de la Biblia como si se tratase de libros de texto científicos, estamos en un grave problema».[61]

d) La grandeza de la persona de Dios es inconmensurable, y el lenguaje en que se expresa su grandeza, al ser antropomórfico y fenomenológico, requiere que el entendimiento de toda definición, afirmación y explicación de lo divino siempre quede restringido por el lenguaje, nuestra pequeñez y temporalidad. Pero esas limitaciones pueden quedar superadas al reconocer que el Señor hará que sus palabras cumplan su propósito específico en la vida de los oyentes (Is 55:6-11) y que, a pesar de nuestra condición de raza caída, todavía conservamos vestigios de nuestra creación a imagen y semejanza de Dios.

e) Todo lector cuidadoso debe entender esas limitaciones y, por lo tanto, debe evitar generalizaciones y buscar encontrar el sentido estricto de las afirmaciones que buscan mostrar los hechos y el

---

[61] Sproul, 2017, p. 76.

carácter de Dios bajo el prisma de ciertas características humanas. Tal es el caso del aparente "arrepentimiento" o "pesar" de Dios al haber creado a la humanidad y el supuesto "olvido" de Dios de Noé (Gn 6:6; 8:1). Debemos hacer la misma evaluación cuando hablemos del Hijo sentado a la diestra del Padre (Hch 5:31; 7:55, 56) y de muchos otros textos similares.

Regla 3: Es necesario diferenciar los distintos géneros y formas literarias

Los géneros literarios se definen como «los distintos grupos en que podemos clasificar las obras literarias, de modo que cada grupo posee ciertas características comunes».[62] Las formas literarias también son características esenciales de algunos escritos de menos extensión, y son básicamente «giros o modismos breves y expresivos».[63] Algunas de estas formas se usan indistintamente en diferentes géneros literarios.

El género literario que un determinado autor planea usar para escribir su obra afectará definitivamente la manera en que espera que sus palabras sean entendidas. Esto significa que, «aunque las palabras pueden tomar una variedad de significados en diferentes contextos, ellas generalmente tienen un solo significado previsto en un contexto dado».[64] Por ejemplo, un historiador, un poeta y un dramaturgo pueden usar una misma palabra o frase, pero solo conociendo de antemano el género propuesto por los autores podremos arribar a su significado correcto.

Interpretando las epístolas

Ahora nos guiaremos por la descripción de los diferentes géneros de la Biblia propuestos por Gordon Fee y Douglas Stuart para hablar de las epístolas.[65]

Existe una diferencia muy sutil en llamar a este género "cartas" o "epístolas". Las cartas se consideran como un género privado entre el escritor y el destinatario, con lo cual tienen un carácter muy personal y carecen de mayores adornos literarios. Las epístolas, por el contrario, tienen una intención más universal, un contenido más estilizado, y

---

[62] Tosaus, 1996, p. 61.
[63] *Ibid.*, p. 74.
[64] Virkler & Gerber, 2007, p. 98.
[65] Fee & Stuart, 2014, caps. 3–13.

aunque son dirigidas hacia un público específico, se espera que su contenido sea leído universalmente. En estos dos casos podemos ubicar a Filemón como una carta y a Romanos como una epístola. Lo que debemos tener claro con respecto a las epístolas es lo siguiente:

> A pesar de su variedad, sin embargo, hay una sola cosa que todas las epístolas tienen en común, y esta es el asunto crucial que se debe considerar al momento de leerlas e interpretarlas: todas ellas son lo que técnicamente se ha llamado *documentos ocasionales* (que se han escrito intencionalmente para una ocasión específica), y todas ellas son del primer siglo. Aunque inspiradas por el Espíritu Santo y, por lo tanto, perteneciendo a todos los tiempos, ellas primeramente fueron escritas de acuerdo con el contexto del autor y de los primeros recipientes. Son precisamente estos factores —que ellas son ocasionales y que pertenecen al primer siglo— lo que hace que sean algunas veces difíciles de interpretar.[66]

Lo que queda claro con esto es que debemos preocuparnos mucho por conocer el contexto y las razones por las cuales estas cartas fueron escritas. También es necesario recordar continuamente que no fueron escritas como tratados teológicos sistemáticos, sino como teología escrita en el camino y para situaciones y preguntas específicas. Como añaden Fee y Stuart, las epístolas son siempre «teología aplicada o dirigida hacia alguna necesidad particular».[67] Por eso, una de las primeras tareas hermenéuticas es familiarizarnos con la historia y el contexto en que las epístolas fueron escritas. En segundo lugar, al ser cartas o epístolas, su significado solo cobrará verdadero sentido cuando las leamos de principio a fin sin interrupciones. Esto no tiene nada de novedoso, porque esa es la forma en que leeríamos cualquier otra carta. Al leerlas por completo empezaremos a encontrar sus diferentes características particulares (internas o externas) siguiendo este sencillo proceso de búsqueda:

1. Las particularidades y circunstancias de los recipientes descritas por el autor.
2. Las actitudes del escritor, sus preocupaciones e intenciones.

---

[66] *Ibid.*, p. 58.
[67] *Ibid.*, p. 59.

3. Los temas y circunstancias específicas que son mencionados como centrales en el propósito de la carta.
4. Las divisiones naturales de la carta.
5. Las diferentes conclusiones a las que el autor va arribando.
6. Los requerimientos prácticos que el autor demanda a sus lectores producto de su carta.
7. Los puntos oscuros no deben remediarse con simpleza, sino con humildad y barajando las diferentes opciones propuestas por los estudiosos.

Al momento de la interpretación debemos recordar lo siguiente:
1. Un texto nunca va a tener una interpretación diferente de la que hubiera sido para los autores y lectores originales.
2. Allí donde compartamos ciertas particularidades (circunstancias similares) con los lectores originales, el mensaje es el mismo tanto para ellos como para nosotros. Por ejemplo, es claro que todos somos pecadores (Rm 3:23) y que somos salvos por fe (Ef 2:8). Las demandas para una vida santa y piadosa siguen siendo las mismas para nosotros. «Por eso es importante la cuidadosa reconstrucción del problema»[68] que los lectores originales experimentaron.
3. La comparación con otras cartas es fundamental para encontrar los conceptos y demandas en los cuales hay absoluta consistencia y diferenciarlos de aquellos que son simplemente particularidades. Tal es el caso del silencio femenino (1 Co 14:34), el comer de lo ofrecido a los ídolos (1 Co 8:4-13, compárese con Rm 14:13-18) o la inmoralidad condenada reiteradamente (1 Co 6:9, 10).
4. Una pregunta legítima para poder encontrar el significado y la aplicación en nuestro tiempo sería: aunque el problema o las circunstancias que ellos experimentaron no tienen punto de comparación con nosotros y nuestro tiempo, ¿cuáles circunstancias actuales podrían, de alguna manera, identificarse con sus circunstancias y problemas? Fee y Stuart ponen el siguiente ejemplo:

> En las culturas occidentales, el que las mujeres no se cubran la cabeza (especialmente su cabello) con un velo [1 Co 11:5]

---

[68] *Ibid.*, p. 75.

no crearía ninguna dificultad en absoluto. De hecho, si alguna mujer quisiera cumplir literalmente el texto en muchas iglesias de Norteamérica, ella, ciertamente, casi habría abusado del espíritu del texto llamando la atención hacia ella misma. Pero con un poco de razonamiento, uno puede imaginar algunos tipos de vestido —tanto de hombres como de mujeres— que podrían estar fuera de lugar y así crear la misma clase de disrupción en la adoración.[69]

5. El intérprete debe mantener una actitud de alerta con respecto a lo que no parecen diferencias culturales muy obvias. Por ejemplo, para entender el capítulo 13 de Romanos y sus declaraciones sobre el gobierno humano, habría que tener muy claro cuáles son las características culturales y políticas del tiempo de Pablo y cuáles las nuestras. Aunque son completamente distintas, los principios subyacentes se pueden aplicar a ambas, pero sin olvidar las diferencias.

---

[69] *Ibid.*

CAPÍTULO SEIS
Interpretando la narrativa del Antiguo y del Nuevo Testamento

La narrativa en el Antiguo Testamento

Más del cuarenta por ciento del Antiguo Testamento son narraciones, e incluso algunos de los libros que han sido escritos primordialmente en otros géneros contienen narraciones. El género bíblico-narrativo básicamente representa «relatos que re-cuentan *[sic]* los eventos históricos del pasado, los cuales son llamados a proveer de significado y dirección a un grupo determinado de personas en el presente».[70] Las narraciones bíblicas del Antiguo Testamento tienen las siguientes características:

1. Tienen tres partes esenciales: (1) personajes, (2) trama y (3) resolución. Algunos personajes son protagonistas y otros son antagonistas. En todo caso, Dios es siempre el protagonista principal y la trama siempre está relacionada con la redención humana.
2. La narrativa está compuesta de: (1) metanarrativa que muestra la creación del universo y el proceso creativo de Dios en su creación y su plan para con la humanidad; (2) el proceso de redención en la historia de Israel como pueblo elegido por Dios; y (3) micronarrativas que le dan sentido personal a la relación divina-humana.
3. La narrativa no es alegórica ni tampoco tiene significados ocultos.
4. La narrativa no siempre intenta darnos una lección moral sobre los personajes que presenta. Lo que intenta mostrarnos es lo

---

[70] *Ibid.*, p. 90.

que Dios hace a través de sus instrumentos humanos. Nosotros podremos concordar en las falencias morales de Jacob o en las virtudes de José, pero el propósito principal de las narraciones es mostrar el plan soberano de Dios para con su pueblo. Sin embargo, algunos comportamientos morales o inmorales, sin ser descritos como buenos o malos, igual se reconocen como tales, así como también los resultados de la mala conducta. Tal es el caso del relato de la relación entre David y Betsabé (2 S 11).

5. Las narraciones no son "historia" en el sentido moderno del término (reporte objetivo e imparcial de un acontecimiento). Sin embargo, en la mayoría de los casos contienen elementos históricos. Kaiser y Silva lo explican de la siguiente manera:

> Si una historia incluye (1) decir lo que ha pasado, (2) dar la perspectiva del escritor en cuanto al suceso, y (3) arreglar todo el material dándole un patrón significativo que permite transmitir el mensaje, entonces la Biblia sí incluye referencias históricas en sus narrativas. La diferencia principal entre la definición moderna de historia y aquella que se está usando en el material bíblico es que la Biblia incluye una interpretación de los eventos y la gente, que son descritos desde una perspectiva divina.[71]

6. Las narraciones incluyen largos diálogos que crean un ritmo entre lo que se va narrando y lo que van expresando y viviendo los protagonistas. Muchos de los protagonistas usan discursos (Gn 39:7-9), repeticiones temáticas (2 R 1:3, 6, 16), semejanzas (Jb 1:15, 16, 17, 19) o resúmenes didácticos (Gn 42:30-34; 44:18-34).

7. Fee y Stuart[72] señalan los principios básicos para la interpretación de textos narrativos del Antiguo Testamento que es necesario recordar para no caer en falsas interpretaciones. Una narrativa del Antiguo Testamento:
   a. Usualmente no enseña directamente una doctrina específica.
   b. Suele ilustrar una doctrina o doctrinas enseñadas proposicionalmente en algún otro lugar.

---

[71] Kayser & Silva, 2007, p. 45.
[72] Fee & Stuart, 2014, p. 106.

c. Registra lo que pasó, no necesariamente lo que debió haber pasado o lo que debería pasar cada vez. Por lo tanto, no toda narrativa tiene una aplicación moral individual identificable.
d. No provee necesariamente buenos ejemplos a través de sus personajes. Con frecuencia es justamente lo opuesto.
e. Muestra que la gran mayoría de sus personajes están muy lejos de ser perfectos y también son imperfectas sus acciones.
f. No siempre nos dice al final si lo que pasó fue bueno o malo. Debemos juzgar esas situaciones sobre la base de lo que Dios nos ha enseñado directa y categóricamente en otras partes de la Escritura.
g. Es selectiva e incompleta. No todos los detalles relevantes son entregados. Sin embargo, lo que aparece es todo lo que el autor inspirado consideró importante que conociéramos.
h. No está escrita para responder todas nuestras preguntas teológicas, sino para mostrar la soberana manifestación de Dios en el mundo.
i. Tiene propósitos particulares, específicos y limitados y trata ciertos temas, dejando otros fuera para ser tratados en otros lugares y de otras maneras. Los temas no son tratados de forma exhaustiva.
j. Puede enseñar tanto explícitamente (al manifestarlo claramente en algún lugar) como implícitamente (al implicarlo claramente sin manifestarlo en algún lugar específico).
k. Dios es finalmente el héroe de todas las narraciones bíblicas.

El *facta* en el Nuevo Testamento: Hechos de los Apóstoles

El libro de los Hechos reúne muchas de las características de las narrativas que acabamos de mencionar. Fee y Stuart señalan que, a diferencia de la narrativa del Antiguo Testamento, cuyas historias son igual de inspiradoras y cautivantes, estas nunca son tan cercanas como para tratar de imitarlas de forma literal. En cambio, Hechos es mayormente entendido como el patrón instructivo para modelar a la iglesia de todos los tiempos.

Aunque la narrativa en Hechos es bastante clara en su significado, sí nos da problemas en cuanto a su significación (importancia).[73]

---

[73] Martínez, 2013a, p. 465.

Podemos comprender muy exactamente lo que dice con referencia al actuar de los primeros cristianos, pero nos costará un esfuerzo mayor poder definir qué es lo que sus narraciones significan y demandan de nosotros en nuestro tiempo.

Para responder esos interrogantes, en primer lugar, debemos reconocer que Lucas tuvo un interés manifiesto en proveer de una historia detallada de los acontecimientos relacionados con la vida-obra de Jesucristo y el nacimiento y la expansión de la primera iglesia (Lc 1:1-4). Sin embargo, el interés del evangelista no es solo informativo, sino que pretende mostrar la conexión entre el plan de Dios, su intervención soberana y el accionar humano en la expansión de la iglesia desde Jerusalén hasta Roma. Tampoco pretende mostrar todo lo que pasó en la iglesia durante los treinta años aproximados de historia eclesiástica, y mucho menos intenta hacer de su historia una biografía particular de alguno de sus personajes principales. Por el contrario, Lucas tiene una intención particular para su selección de eventos y situaciones, pero no quiere con ellos proveer un patrón instructivo, un modelo de uniformidad eclesiástica o un sistema de liderazgo particular. Es muy importante, entonces, poder descubrir la intención del diseño y la selección de eventos y situaciones en Lucas al momento de interpretar sus escritos.

Consejos prácticos sugeridos por varios autores

1. Trata de leer el libro completo en una o dos sesiones; mientras lees, busca tener en mente y anotar en un cuaderno o marcar en la Biblia nombres de lugares, personajes, motivos o palabras recurrentes y las divisiones naturales del texto que son fáciles de reconocer a través de la lectura.
2. Regresa nuevamente y procura ir cavando más profundo, aumentando las referencias obtenidas en la primera lectura para una mayor clarificación.
3. El libro de los Hechos describe personajes, ciudades y circunstancias del primer siglo. Por lo tanto, se requiere que todo intérprete procure familiarizarse con la historia y la cultura de ese tiempo a través de la lectura de otros libros.
4. Ya que el libro de los Hechos tiene la intención de mostrar momentos "culminantes" en la historia del nacimiento de la iglesia, entonces, es importante notar que Lucas no está intentando mostrarnos el diario vivir de la iglesia (salvo breves resúmenes

generales). La intención del investigador fue dar a conocer los sucesos extraordinarios y lejos de la cotidianidad de la iglesia que marcaron el rumbo del pueblo de Dios. Por eso, «buscar hacer de esos eventos extraordinarios en la vida de la iglesia primitiva una norma para hoy, sería un malentendido tanto de Hechos como de muchas de las cartas del Nuevo Testamento».[74]

5. Lucas toma bastante tiempo y espacio para mostrar varios discursos y sermones de los protagonistas. Estos sermones sirven como paneles explicativos del pensamiento teológico y de las razones para las acciones de la iglesia.

6. Más allá de los discursos y sermones, el libro de los Hechos, al igual que cualquier otro libro de la Biblia, está cargado de contenido teológico. La narración es esencialmente teológica porque encierra el actuar de Dios en medio de los seres humanos, su influencia, su presencia trascendente y su intromisión sobrenatural en la vida de sus siervos y en la humanidad en general. Es evidente que la enseñanza teológica en una narración es más indirecta en su aproximación al corazón y la mente del lector. Sin embargo, esto no significa que debamos reducirla a un nivel meramente ilustrativo o emocional sin valor doctrinal. Lo que debemos buscar es:

> guiar al lector a revivir la verdad encapsulada en la historia. La narrativa no es tan directa como el material didáctico, pero tiene afirmaciones teológicas con las que el lector debe interactuar con ese mensaje. Mi argumento es que la narrativa bíblica es, en algunas maneras, aún mejor que la enseñanza aplicada a situaciones similares en las vidas de las personas.[75]

7. Regla básica con respecto a la aplicación de la narrativa en Hechos:

> A menos que las Escrituras explícitamente nos digan que debemos hacer algo, lo que es solo narrado o descrito no puede ser tomado como normativo (obligatorio), a menos que esto

---

[74] Corley, Lemke & Lovejoy, 2002, p. 328.
[75] Osborne, 2006, p. 172.

sea demostrado a través de otros terrenos en los que el autor intencionalmente planeó ese texto para que funcione de esa manera.[76]

Sin embargo, aunque la narración no se pueda tomar como normativa, eso no significa que deja de tener significado para los oyentes. El factor motivacional y persuasivo de una historia puede ser más productivo que una enseñanza teórico-didáctica. Una narración tiene la peculiaridad de introducirnos en una situación particular hasta el punto de revivirla y hacerla nuestra. El siguiente paso sería encontrar la relevancia para nuestro tiempo, pero sin olvidar que «las lecciones teológicas penetran a través del drama, y que nosotros aprendemos aun mientras nosotros reaccionamos a la historia. Ambos elementos son interdependientes y no deben ser separados».[77]

---

[76] Fee & Stuart, 2014, pp. 118-119. Corley, Lemke y Lovejoy lo explican de la siguiente manera: «Como regla de interpretación, relatos de eventos y prácticas singulares no deberían ser considerados como normativos para las iglesias de hoy. Esto es, si otros pasajes de las Escrituras no proclaman una normativa estándar acerca de esa práctica o situación, entonces una sola referencia de un evento no tiene una suficiente fuerza exegética para exigir esa práctica en la iglesia hoy. [Sin embargo,] la práctica podría ser una opción para los cristianos hoy que podrían elegir el imitar el texto bíblico, pero esa práctica iría más allá de una correcta exégesis» (Corley, Lemke & Lovejoy, 2002, p. 329).

[77] Osborne, 2006, p. 171.

CAPÍTULO SIETE
Interpretando los Evangelios y las parábolas

Las muchas historias de Jesucristo: los Evangelios

Los Evangelios son el alimento espiritual y la norma de vida suprema para los cristianos. Allí encontramos tanto las historias ejemplificadoras como las enseñanzas de Jesús. Se podría decir que para interpretar los Evangelios simplemente deberían seguirse las reglas para las narrativas, pero no es tan fácil como eso. Además, detrás de los Evangelios subyace toda la riqueza del reino de los cielos, y ya se ha demostrado hasta la saciedad por diferentes generaciones que la interpretación no puede ser tomada superficialmente y que la aplicación tiene sus dificultades.

Por otro lado, aunque la universalidad de la vida, obra y enseñanzas de Jesús es indudable, es igual de importante reconocer que todo ocurrió en medio de una cultura que no es la nuestra hace más de dos milenios, y que las palabras fueron dichas en el lenguaje arameo y traducidas al griego. Además, los Evangelios no fueron escritos por Jesús, sino que son libros que hablan sobre Jesús y sus enseñanzas. Estas historias del mismo personaje son cuatro en vez de una sola. Algunos Evangelios resaltan algunos aspectos de la vida, obra y enseñanzas del maestro, mientras que otros tienen otros intereses. Sin embargo, el material es tan parecido entre los primeros tres Evangelios que comúnmente se les llama *sinópticos*, es decir, que desarrollan temas y narrativas similares desde un punto de vista u óptica particular.

Finalmente, lo que tenemos son cuatro diferentes versiones que presentan desde distintas perspectivas la vida, obra y enseñanzas de Jesucristo. Lo que sí está muy claro es que ninguno de ellos es superior al otro y cada uno tiene el mismo valor y autoridad. Debido a lo anteriormente expuesto, se hace necesario considerar las siguientes necesidades y reglas que permitirán un mejor entendimiento de los Evangelios:

1. Existe la necesidad de que el lector se familiarice externamente con la historia, la cultura y la religiosidad del tiempo de Jesús. Él respondió con elocuencia y vigor a los religiosos de su tiempo, propuso una alternativa religiosa y dijo ser el cumplimiento de las profecías antiguas. Como vemos, necesitamos un mayor entendimiento de la cultura y la realidad circundantes para entender con mayor claridad los hechos y los dichos del maestro de Galilea.
2. Jesús fue un maestro excelente que supo usar diferentes estilos de comunicación y de enseñanza para llamar la atención de sus discípulos y sus oyentes. Él usó parábolas, hipérboles, proverbios, símiles, metáforas, preguntas, ironía y algunas otras formas más que nos obligan a conocer su significado y su forma de uso para evitar errores en la interpretación de sus enseñanzas.
3. Muchas de las enseñanzas de Jesús fueron recopiladas oralmente y tomaron la forma de dichos precisos que no requerían más que de una buena memoria para recordarlos. Muchos de estos dichos no tienen un contexto específico para poder reconocer su origen y propósito y, como en el caso de Mateo, simplemente han sido ordenados temáticamente en forma de enseñanzas generales. Tal es el caso del sermón del monte (5–7), instrucciones para los discípulos (10–11), parábolas del reino (13), escatología y la consumación del reino (23–25). Por eso es necesario trabajar en la búsqueda del contexto histórico en el que Jesús habló y también poder descubrir las audiencias a las que estas enseñanzas estaban primeramente dirigidas.
4. Debemos considerar con cuidado el propósito particular de cada evangelista al escribir su Evangelio. Ya es común la presentación de Jesús en Mateo como rey y como el Mesías prometido a los judíos; Marcos lo presenta como el siervo sufriente que dio su vida por nosotros; Lucas lo muestra como el hombre perfecto que se ofreció como sacrificio perfecto para un público gentil; Juan lo manifiesta como Dios y Señor. Por lo tanto, es necesario aprender a estudiar los Evangelios de manera horizontal,

esto es, teniendo en consideración las historias paralelas de cada Evangelio. Sin embargo, esto no significa solo tratar los vacíos de cada Evangelio para intentar crear un súper-Evangelio. Esto puede ser de mucha ayuda, pero también podría hacernos olvidar las razones distintivas por las que el Señor nos dejó cuatro diferentes recuentos de la vida de Jesús.

Por ejemplo, el propósito de Juan es evidentemente salvífico (Jn 20:31); para Lucas es el crecimiento espiritual a través de una visión ordenada de la vida de Jesús (Lc 1:4); Mateo encierra una intención discipuladora y de enseñanza (Mt 28:18-20); para Marcos es un recuento de las buenas noticias demostradas a través de las palabras y actos de Jesús (Mc 1:1). Los diferentes Evangelios nos pueden ayudar a reconocer: (a) la persona de Jesús, el Mesías; (b) las respuestas correctas e incorrectas con respecto a Jesucristo; (c) los resultados de esas respuestas; (d) los estilos de vida que los discípulos deben imitar.

Esta observación horizontal nos debe llevar a descubrir que, por lo menos en los sinópticos, existe una profunda interdependencia. Fee y Stuart explican el proceso de interdependencia de la siguiente manera:

> Marcos escribió su Evangelio primero, probablemente en parte al menos de la recolección de datos proporcionados por la predicación y enseñanza de Pedro. Lucas y Mateo tuvieron acceso al Evangelio de Marcos e, independientemente, lo usaron como una fuente básica para sus propios escritos. Pero ellos también tuvieron acceso a toda clase de materiales sobre Jesús, algunos de los cuales los tenían también en común. Este material común, sin embargo, está muy poco presente en el mismo orden en los dos Evangelios, un hecho que sugiere que ninguno de ellos tuvo acceso a sus escritos como para comparar las notas. Finalmente, Juan escribió independientemente de los otros tres, y así su Evangelio tiene muy poco material en común con ellos. Esta fue la manera en que el Espíritu Santo inspiró la escritura de los Evangelios.[78]

Veamos de una manera práctica la interconexión aparente entre los Evangelios sinópticos:

---
[78] Fee & Stuart, 2014, p. 137.

MATEO 24:15, 16	MARCOS 13:14	LUCAS 21:20, 21
Por tanto, cuando vean la ABOMINACIÓN DE LA DESOLACIÓN, de que se habló por medio del profeta Daniel, colocada en el lugar santo (el que lea, que entienda), entonces los que estén en Judea, huyan a los montes.	Mas cuando vean la ABOMINACIÓN DE LA DESOLACIÓN puesta donde no debe estar (el que lea, que entienda), entonces los que estén en Judea huyan a los montes.	Pero cuando vean a Jerusalén rodeada de ejércitos, sepan entonces que su desolación está cerca. Entonces los que estén en Judea, huyan a los montes, y los que estén en medio de la ciudad, aléjense; y los que estén en los campos, no entren en ella.

Claves para la interpretación de los Evangelios

1. Los Evangelios son básicamente documentos ministeriales y no documentos históricos generales. Buscan una respuesta en los oyentes, los empujan a tomar una decisión de obediencia. No existe un mero interés informativo como para culturizar a la gente sobre la vida y obra de Jesús.
2. Los Evangelios fueron escritos para ser leídos públicamente y, por lo tanto, para ser escuchados. Tratar de sobreenfatizar en los detalles podría hacer perder la belleza de su sencillez y poder narrativo total.
3. Es necesario considerar el contexto histórico, social, cultural y religioso de los Evangelios, así como el de los escritores y los primeros oyentes.
4. Debido a que los autores tuvieron un propósito en mente, se hace necesario analizar la organización de los Evangelios, los temas más importantes y todo aquello que nos sirva para entender tal propósito particular.
5. No se debe olvidar la dependencia y la interrelación entre los Evangelios. El análisis horizontal es fundamental para entenderlos, pero no deben perderse de vista las cualidades particulares y propósitos específicos de cada Evangelio.
6. Al igual que con todos los otros géneros, es importante que no descuidemos una lectura amplia y general de los Evangelios

antes de detenernos en sus divisiones más pequeñas o solo en algunos dichos de Jesús.
7. Los Evangelios están llenos de pronunciamientos clave que debemos descubrir, pero sin separarlos de su contexto y armonizándolos con la visión general del evangelio (Mc 2:23-28). Las palabras de Jesús no son solo frases cortas magistrales, sino grandes enseñanzas con un propósito mayor: la salvación.
8. Los Evangelios responden a la obra de gracia en Jesucristo y, por lo tanto, debemos considerarlos como expresiones de gratitud obediente que tienen como propósito la búsqueda de vivir nuestras vidas conforme a la medida del Dios que ya nos ha aceptado en Cristo Jesús.
9. Con respecto al reino, nosotros estamos viviendo el comienzo del fin de los tiempos. Es lo que definimos como el *ya, pero todavía no*. El reino ha sido inaugurado con la venida de Jesucristo y la consumación de su obra, de tal manera que los discípulos son llamados a la vida dentro de ese reino, que ahora significa vivir bajo su señorío, estando libremente aceptos y perdonados, pero también comprometidos con la ética del reino de la nueva era, buscando que esos principios se apliquen en nuestras vidas y entornos, manifestando, entonces, el reino de Dios revelado entre nosotros.

La interpretación de las parábolas

Las parábolas se caracterizan por ser historias cortas que tienen una estructura simple, son memorables, tienen una sola enseñanza particular y son entretenidas. Fueron escritas en torno a la vida diaria de los lectores originales, y buscan presentar un principio moral o espiritual específico que anime a la toma de decisiones, la reflexión y la autoevaluación.

La mayor peculiaridad de las parábolas es que intentan mostrar una verdad y su aplicación directa de manera concreta y no solo de forma intelectual y subjetiva. Esta característica fundamental ayuda a grabar el principio en la memoria y también mantener viva una actitud correcta con respecto a la verdad expuesta.

El término "parábola" viene del griego *parabole*, que corresponde al verbo *paraballo*, que literalmente significa "comparar". Martínez ejemplifica su uso de la siguiente manera:

Por ejemplo, en las parábolas del tesoro escondido y de la perla, el *tertium comparationis* (único punto de comparación)[79] podría ser la siguiente proposición: «La máxima ganancia merece el máximo sacrificio». En la de los dos deudores: «Ser objeto de misericordia obliga a ser misericordioso», etc.[80]

Las parábolas requieren de una buena interpretación y análisis. Lucas nos enseña que las parábolas fueron dichas para que el pueblo entendiera (Lc 15:3; 18:9; 19:11). De manera clara se observa que las parábolas fueron entendidas (Lc 10:36, 37; Mt 21:45). El problema no radicaba en entender la parábola, sino en la aplicación de su significado en las vidas de los oyentes. Esa podría ser la interpretación para la dificultad de entendimiento en Marcos 4:10-12. Por eso, el principio básico es que Jesús no trató de esconder la verdad con las parábolas, sino de revelarla. R. C. Sproul dice que «una parábola no es una adivinanza. Fue compuesta para ser entendida, al menos por aquellos que estaban abiertos a su sentido».[81] Martínez dice que el efecto de luz u oscuridad en la vida de los oyentes dependía de su disposición espiritual. Sin embargo, las clarificaciones anteriores no están tratando de decir que una parábola puede funcionar por sí misma, solo por su valor literario y no por la guía del Espíritu Santo y su dirección particular.

La parábola debe ser distinguida como una historia breve que tiene un principio y un final y que obliga a que el oyente tome una decisión con respecto a la historia que está oyendo. La parábola del buen samaritano es el mejor ejemplo para el género. Pero no debemos confundir una parábola con las metáforas o símiles de Jesús, como la indicación de que somos sal y luz o como la levadura en la masa.

La parábola no tiene la intención de que se busque escudriñarla para encontrar su significado, sino que sirva como un golpe de identificación sin posibilidad de escape entre toda la historia y los oyentes. Si uno se pone a explicar en detalle la parábola, entonces ya pierde su inmediatez y su capacidad de mostrar una verdad completa de manera instantánea. Sin embargo, una correcta hermenéutica debe recuperar la elasticidad y los puntos de inflexión y sorpresa de las parábolas para mostrarlas como un todo en su real dimensión a las nuevas generaciones.

---

[79] Término acuñado por el teólogo alemán Adolf Jülicher en 1888.
[80] Martínez, 2013a, p. 451.
[81] Sproul, 2017, p. 100.

Por ejemplo, en la parábola de los deudores (Lc 7:40-42), los personajes y la situación son evidentes y el efecto sobre los oyentes es inmediato. La situación es tan real que uno no puede dejar de identificarse con el bondadoso prestamista, con los dos deudores y su sufrimiento y con el glorioso e impensado acto de perdón. No hay ningún resquicio de alegoría en esta historia, todos los elementos son demasiado evidentes y todos sirven a la historia tal y como la gente la entiende en el mundo real. Es una historia de perdón inmerecido, aceptación y de absoluta misericordia.

Otro ejemplo: en las parábolas de las vírgenes sensatas e insensatas (Mt 25:1-13) o del mayordomo astuto (Lc 16:1-8), si dejamos de pensar en la intención principal de la parábola podríamos concluir que las conductas de las sensatas y del mayordomo no son dignas de imitar porque su proceder es absolutamente egoísta, puesto que el mayordomo buscó su beneficio y las vírgenes sensatas se negaron a compartir su aceite en un momento de necesidad. El sentido único hace que debamos estar preparados para la venida del Señor. La parábola del mayordomo no está celebrando la astucia y el robo, sino la forma en que enfrenta la situación y su futuro.

La verdadera enseñanza de la parábola del prestamista y los dos deudores (Lc 7:41, 42a) nos podría ser esquiva si no revisamos con cuidado el contexto en que la parábola ha sido presentada y las características de la audiencia que la está escuchando por primera vez. En este caso, la comida en la casa del fariseo cuestionador y la mujer pecadora que se presentó delante de Jesús le dan sentido y pertinencia real a la parábola. Muchas de las parábolas no están colocadas en los Evangelios de forma cronológica, sino teológica. Esto significa que su significado dependerá del contexto en que la parábola está enmarcada.[82]

La parábola del buen samaritano fue dicha a un experto de la ley que preguntaba «¿quién es mi prójimo?» (Lc 10:25-37). La parábola del hijo pródigo, la oveja y la moneda perdidas son las respuestas a la crítica que Jesús estaba recibiendo por parte de los escribas y fariseos que no veían con buenos ojos que atendiera a pecadores (Lc 15:1, 2). También se da el caso de que los mismos evangelistas proveen una clave para entender la parábola, como es el caso de la introducción a la parábola de las minas (Lc 19:11-27). En este caso, Lucas nos presenta

---

[82] C. H. Dodd (1936) es el teólogo que desarrolló la idea de la contextualización y la preponderancia de los oyentes originales en la correcta interpretación de las parábolas.

una respuesta a la pregunta de los discípulos con respecto al retraso de la venida del Señor.

Algunos consideran que las parábolas deben ser interpretadas como alegorías. Sin embargo, la mayor debilidad de una interpretación alegórica es que se busca encontrar un significado simbólico entre los detalles de la historia sin considerar el significado general e histórico del pasaje. Siendo que el intérprete puede escoger libremente el significado simbólico del texto, entonces el subjetivismo es inherente a la interpretación y puede simplemente ser el resultado de los prejuicios o la imaginación del lector y no lo que el Espíritu Santo quiso dar a conocer.

Solamente una parábola tiene una interpretación alegórica que es propuesta e interpretada directamente por Jesús. Es muy probable que los autores de los Evangelios hayan visto la necesidad de colocar la interpretación especial para evitar confusiones y falsas interpretaciones. R. C. Sproul dice:

> Cuando Jesús interpreta la parábola del sembrador lo hace en forma alegórica. Esto nos podría llevar a la conclusión de que todas las parábolas tienen un significado alegórico y que cada detalle tiene un significado "espiritual" específico. Si nos acercamos a las parábolas en esta forma, nos estaremos metiendo en problemas. Si tratamos todas las parábolas como alegorías, en breve descubriremos que las enseñanzas de Jesús se convierten en una masa de confusión. Muchas de las parábolas simplemente no se prestan a una interpretación alegórica.[83]

Martínez da un ejemplo muy interesante acerca de cuán lejos puede llevarnos una interpretación alegórica:

> Un buen ejemplo nos lo ofrece Agustín de Hipona en su explicación de la parábola del buen samaritano, según la cual, el hombre que iba de Jerusalén a Jericó representa a Adán. Jerusalén es la ciudad de la paz celestial, cuya dicha perdió Adán al pecar. Jericó simboliza la luna, y esta, a su vez, significa la mortalidad del hombre, pues la luna nace, crece, mengua y muere. Los ladrones son el diablo y sus ángeles; los golpes, la incitación a pecar; el despojamiento, la pérdida de la inmortalidad; la condición del herido (medio muerto) es el

---
[83] Sproul, 2017, p. 100.

deplorable estado moral del hombre caído; el sacerdote y el levita, el sacerdocio y el ministerio del Antiguo Testamento, incapaces de salvar; el samaritano, el Señor; etc.

A esto añadimos que para Agustín el vendaje de las heridas era la administración de los sacramentos que sanan el alma; el aceite es el ungimiento del Espíritu; el vino es la sangre del Señor derramada en nuestro favor; ponerlo en su cabalgadura es un recuerdo de la servidumbre de Jesucristo a nuestro favor; el mesón es la iglesia; el mesonero es el apóstol Pablo; los dos denarios son los dones del Espíritu y la gracia y la misericordia; «yo te lo pagaré cuando regrese» son las coronas en el juicio.[84]

Lo que queda claro es que una parábola puede tener alguna interpretación alegórica, pero esta debe demostrarse exegéticamente y no solo usarse libremente.

Las parábolas del reino requieren también especial atención. Básicamente ellas están en forma de similitudes, mostrando a través de un ejemplo cotidiano una característica fundamental del reino de Dios a través de las palabras: «El reino de los cielos es semejante a...» (Mc 4:30-32; Mt 13:33). Lo que es necesario aclarar es que esas similitudes no son alegóricas en el sentido de que no permiten múltiples interpretaciones, sino que quedan restringidas a un simple punto de comparación entre dos realidades bien definidas, que buscan persuadir al oyente sobre una dimensión de la verdad que le era desconocida.

Finalmente, las reglas de interpretación de las parábolas podrían resumirse en cuatro principios: (1) encontrar y entender el único punto principal; (2) confirmar que ese punto principal es el que Jesús tuvo en mente; (3) descubrir el contexto en que los evangelistas colocaron estas parábolas para comprender mejor su propósito; (4) nuestra interpretación y aplicación para nuestro tiempo deberá estar en concordancia con todos los puntos anteriores.

Algunas preguntas que podemos hacer al momento de interpretar las parábolas (sugeridas por Stein):[85]

1. ¿Qué términos están repetidos en la parábola? ¿Cuáles no?

---

[84] Martínez, 2013a, p. 121.
[85] Stein, 1981, p. 72.

2. ¿En qué descansa la parábola, por ejemplo, en qué o quiénes la parábola utiliza más espacio?
3. ¿Cuál es el mayor contraste que encontramos en la parábola?
4. ¿Qué viene al final de la parábola? (Aquello que se denomina "la regla de acentuación del final", es decir, el punto culminante al final de la parábola).
5. ¿Qué es dicho como discurso directo en la parábola? (Con frecuencia, lo más importante aparece en forma de discurso).
6. ¿Qué es lo menos importante? ¿Cuáles son los dos personajes o situaciones principales? (Usualmente, una parábola se enfoca en dos personajes para establecer el punto principal).
7. ¿Cómo hubieras dicho tú la parábola? Si Jesús la dijo de manera diferente, ¿eso revela algo?
8. ¿Qué circunstancias dieron origen a la parábola?

CAPÍTULO OCHO
Interpretando la literatura poética

De entre los escritos del Antiguo Testamento, Salmos, Cantar de los Cantares y Job han sido considerados como los libros poéticos. Es importante notar que la idea de poesía en Occidente y en pleno siglo XXI no es la misma que la idea de poesía oriental antigua. Por ejemplo, en la poesía hebrea no hay nada parecido a la rima, que es la repetición de una secuencia de fonemas o sonidos al final de cada verso; tomemos como ejemplo el siguiente poema de Antonio Machado:

> Pasan las horas de hastío
> por la estancia familiar,
> el amplio cuarto sombrío
> donde yo empecé a soñar.
>
> Del reloj arrinconado,
> que en la penumbra clarea,
> el tictac acompasado
> odiosamente golpea.
>
> Dice la monotonía
> del agua clara al caer:
> un día es como otro día;
> hoy es lo mismo que ayer.[86]

Otro aspecto de la poesía contemporánea es la métrica, que se caracteriza por un número fijo de sílabas o palabras que le dan cadencia al poema. Por ejemplo, una de las estrofas del poema de Arturo Fernández de Andrada (1535–1648) dice lo siguiente:

---

[86] "Hastío", del libro *Soledades, galerías y otros poemas* (1907).

Una mediana vida yo posea,
un estilo común y moderado
que no lo note nadie que lo vea.

Estos tres versos coinciden en el número de sílabas:

U-na-me-dia-na-vi-da-yo-po-se-a,   (11 sílabas)
un-es-ti-lo-co-mún-y-mo-de-ra-do   (11 sílabas)
que-no-lo-no-te-na-die-que-lo-ve-a. (11 sílabas)

A diferencia de la poesía occidental y clásica, la hebrea no se basa en la cadencia de los sonidos, sino en que las unidades se formulen en función de conceptos o ideas (Sal 27:1). Debido a su carácter temático y didáctico, la poesía hebrea estaba diseñada para facilitar la memorización mediante el énfasis insistente en los conceptos básicos comprendidos en la obra. Por ejemplo, algunos salmos son presentados con una clara referencia histórica que justifica su declamación, como es el caso de los que se refieren específicamente a la vida de David (Sal 3; 60; 63; 142). Algunos otros tienen instrucciones en cuanto al tono de las canciones (Sal 46; 75).

Es evidente que los salmos han sido cuidadosamente compilados y ordenados. Se pueden observar cinco libros básicos:

Libro I: 1–41, Doxología (41:13).
Libro II: 42–72 (72:18, 19).
Libro III: 73–89 (89:52).
Libro IV: 90–106 (106:48).
Libro V: 107–150 (150), conclusión a todo el libro.

Algunos salmos están ordenados temáticamente (3–4; 9–10; 42–43; 95–100; 146–150). Otros están relacionados por su autor: Coré (42, 44–49), Asaf (73–83).

Aunque se piensa que los salmos son básicamente creados para fines litúrgicos, lo cierto es que una buena cantidad de ellos no tiene indicaciones litúrgicas o rituales específicas, por lo que deben ser catalogados dentro de la poesía devocional, en la que la primera persona singular y no plural ocupa un lugar preponderante (Sal 51). Hermann Gunkel divide los Salmos de la siguiente manera:[87]

---

[87] Cf. Gunkel, 1998.

1. Himnos para alabanza a Dios que pueden ser cantados por coros o solistas (8, 19, 29, 33, etc.).
2. Lamentos comunitarios que se basan en alguna calamidad nacional que se presenta delante de Dios para pedir su intervención (44, 74, 79, 80, etc.).
3. Salmos reales que son relacionados con hechos sobresalientes en la vida de los reyes hebreos (2, 18, 20, 45, 72, 101, 110 y 132).
4. Lamentos individuales que son la contrapartida de los lamentos comunitarios (3, 7, 25, 51, etc.).
5. Acciones de gracias personales ofrecidas o cantadas en relación con ceremonias en el templo a fin de permitir la participación de los creyentes en forma más significativa en la gracia divina (30, 32, 34, etc.).
6. Didácticos o sapienciales que tienen una enseñanza que brindarle al adorador (1, 37, 49, 119, etc.).

Algunas consideraciones especiales con respecto a los salmos

1. Son palabras habladas a Dios que son la Palabra de Dios para nosotros.
2. Es necesario verificar la naturaleza del salmo: alabanza, súplica, acción de gracias o lamentación.
3. No tienen como primera intención el mostrarnos doctrina o moral, sino ayudarnos a expresar nuestras convicciones, historia, alegrías y tristezas, éxitos y fracasos, esperanzas y pesares delante de la presencia de Dios. Calvino decía que los salmos son una «anatomía de todas las partes del alma».
4. La poesía hebrea está diseñada para la mente, pero desde el corazón.
5. Los salmos tampoco se deben sobreinterpretar, porque muchos de los paralelismos son para recalcar y acentuar el significado, no para mostrar uno nuevo o diferente en cada verso. Por ejemplo, en el salmo a continuación son sinónimos los cielos y la expansión, así como el día y la noche representan la misma idea:

> Los cielos proclaman la gloria de Dios,
> y la expansión anuncia la obra de sus manos.

Un día transmite el mensaje al otro día,
y una noche a otra noche revela sabiduría. (Sal 19:1, 2)

6. Los salmos son poemas musicales. Están diseñados para ser escuchados con el sonido de instrumentos y para apelar a las emociones. No están buscando una respuesta en términos de definición intelectual, sino una que mueva el corazón, afirme las convicciones y fortalezca la aplicación.

El Señor es mi pastor,
nada me faltará. (Sal 23:1)

El alma de tu tórtola
no entregues a la fiera;
no olvides para siempre la vida
de tus afligidos. (Sal 74:19)

7. El vocabulario de los salmos es metafórico[88] con propósito. Intenta mostrar o iluminar una verdad mediante el uso de palabras y situaciones que no necesariamente tienen relación directa con la verdad mostrada. Pero eso significa que nosotros también debemos encontrar la intención del autor y no dejarnos llevar simplemente por la imaginación.
8. Los salmos tienen un proceso de exposición y desarrollo que no debe perderse de vista al momento de interpretarlos. Un verso de un salmo fuera de contexto es un grave pretexto. Por ejemplo, muchos interpretan que David, en el Salmo 51, le resta valor a los sacrificios. Sin embargo, el contexto y el desarrollo del argumento a lo largo del Salmo demuestra que de ninguna manera eso es lo que David está enseñando:

Salmo 51:16: ¿Los sacrificios son innecesarios?
Salmo 51:17, 18: Lo más importante.
Salmo 51:19: Ahora sí podremos ofrecer sacrificios.

9. Tres beneficios de la lectura de los salmos: (a) sirven para guiarnos en la adoración al Señor: nos ayudan a expresar en palabras nuestra alabanza a Dios o nuestro deseo de que Dios nos preste

---

[88] Toma las palabras en sentido figurado.

atención; (b) demuestran cómo podemos relacionarnos correcta, confiada y sinceramente con Dios; (c) demuestran la necesidad de meditar en las cosas que el Señor ha hecho por nosotros.[89]

La interpretación de los proverbios

El libro de Proverbios está compuesto por la recolección de una serie de dichos que expresan de forma práctica y directa la manera en que un hombre o una mujer de Dios deben conducirse en el mundo. Los proverbios no están vinculados directamente a los israelitas o a la nación de Israel, sino a todo aquel que esté buscando la sabiduría divina para la vida.[90] Sin embargo, no se trata de una sabiduría secular *per se*. Por el contrario, como dice Clements:

> Proverbios 2:5-8; 3:7, 11, 12, 26; 23:27; 24:21; 28:5, 14; 31:30. Para los autores de estos dichos, la idea de piedad expresada en la frase «el temor del Señor» ha venido a ser la primera sanción para toda buena conducta y para el amor a todos los preceptos de sabiduría.[91]

El temor del Señor, entonces, representa la base sobre la cual se establece todo el sistema de vida de una persona sabia, tanto en sus valores morales como en su conducta evidenciada por sus hechos privados y públicos. David Hubbard lo explica de la siguiente manera:

> Aunque el "temor de Dios" incluye la adoración, este no termina allí. Por el contrario, el "temor de Dios" irradia desde la adoración y la devoción hacia nuestra conducta del día a día que termina viendo cada momento como el tiempo del Señor, cada relación como la oportunidad del Señor, cada obligación como un mandamiento de Dios, cada bendición como un regalo de Dios. Es una nueva manera de ver la vida y ver lo que significa ser visto desde la perspectiva de Dios.[92]

Proverbios está formado principalmente por declaraciones breves, incisivas, que pueden usarse con gran efectividad en la comunicación de

---

[89] Un libro recomendado para aprender a identificarnos con la lectura de los Salmos es *Orando la Biblia*, de Donald S. Whitney (B&H Español, 2016).
[90] Clements, 1990, p. 20.
[91] *Ibid.*, p. 30.
[92] David Hubbard. Citado en Atkinson, 1997, p. 28.

verdades de conducta, morales y espirituales. Tienen como objetivo inculcar ciertos principios de conducta por medio del contraste y la asociación entre diversos aspectos de la vida cotidiana. Sin embargo, su lugar indudable en el canon indica que la sabiduría constituye una revelación del ordenado plan divino en el universo y en la vida humana y no es solo una acumulación de observaciones inteligentes sobre la vida.

Justamente, la personificación de la sabiduría representa a Dios, fuente de toda sabiduría, y la necesidad de que nosotros lo busquemos a él y no solo al conocimiento. La sabiduría personificada también representa su naturaleza viva y la necesidad de buscarla en los requerimientos de la vida diaria (cap. 8). La sabiduría está en la plaza pública y no en el centro religioso. Debemos buscar la sabiduría para aplicarla en nuestra cotidianeidad, en nuestras relaciones, en las encrucijadas que la vida nos presenta. Esto no puede darse a la ligera, sino que requiere todo nuestro esfuerzo (2:1-5).

La característica principal de los proverbios es su profunda pertinencia y actualidad. David Atkinson dice:

> Por un lado, a pesar de los siglos que nos separan de los autores de esos dichos, las incambiables continuidades de la existencia humana permanecen: hacer amigos, hacerle frente a la sexualidad, administrar el dinero, responder a la pobreza, ganarse la vida, aprender de la pérdida, batallar en las dificultades, enfrentar la muerte y así sucesivamente. Esos son los constantes temas humanos, y Proverbios los toca todos. La sabiduría tiene que ver con ayudar a las personas a enfrentar la vida; es sobre ver las cosas de una manera fresca que nos entregue nuevos recursos para vivir; y sobre trabajar lo que significa vivir para Dios en medio de las cosas ordinarias de la vida diaria.[93]

El libro de Proverbios se adjudica básicamente a Salomón, pero él pudo ser autor de algunos y recopilador de muchos otros. Algunas secciones son directamente atribuidas a otros personajes como Agur y Lemuel (caps. 30–31). Algunos son referidos a los "sabios" (24:23) y otros son atribuidos a Salomón, pero fueron recopilados por el rey Ezequías (25:1). Otro punto de comparación se puede encontrar con el

---

[93] *Ibid.*, p. 9.

libro egipcio *Las instrucciones de Amenemope*, el cual está constituido por una serie de proverbios, entre los que podemos encontrar muchas coincidencias con los proverbios bíblicos. Por ejemplo:

> Pr 22:22: «No robes al pobre, porque es pobre, ni aplastes al afligido en la puerta».
> AM, c. 2: «Cuidado con robar al pobre, ni aplastes al afligido».
> Pr 22:24, 25: «No te asocies con el hombre iracundo; ni andes con el hombre violento, no sea que aprendas sus maneras, y tiendas lazo para su vida».
> AM, c. 10 «No te asocies con el iracundo, no te acerques a conversar con él».

Aunque podemos notar muchas similitudes, debemos tener claro que toda verdad es verdad de Dios y que estos proverbios realmente enfatizan la sabiduría divina aplicada a la vida diaria.

Características particulares de Proverbios

1. Los proverbios son cápsulas de verdad, cuya eficacia radica justamente en su capacidad de decir mucho en pocas palabras (11:31).
2. Los proverbios repiten muchos temas una y otra vez para darnos diferentes ángulos de una misma situación (10:1; 15:20; 17:21).
3. Los proverbios no son promesas, son situaciones de la vida que debemos considerar en nuestro andar diario y que nos ilustran sobre las consecuencias prácticas de nuestros actos. La intención no es crear un dogma, sino entrenar a la persona, formar el carácter, mostrar la realidad de la vida y las mejores maneras para enfrentarla.
4. Los proverbios fueron escritos básicamente para los que estaban en el poder o tendrían algún grado de influencia en el futuro. De seguro fueron usados para entrenar a los hombres jóvenes de Israel que luego asumirían posiciones de liderazgo. Esa es justamente la intención que aparece al principio del libro (1:1 ss.). Justamente, el cuidado del pobre y el necesitado ocupan un lugar preferencial en todo el libro (14:21, 31; 17:5; 19:17; 22:2, 16, 22).
5. Los proverbios ilustran o representan la vida diaria una y otra vez: la labor de la mujer virtuosa (31:10, 11), la amistad sincera e

insincera (18:24), los animales o insectos que pueden ayudarnos a entender una virtud (6:6; 7:22, 23; 30:19), etc. Lo más interesante es la manera en que las situaciones de la vida son retratadas de una forma tan breve, pero tan precisa, que uno termina diciendo: «Justamente eso es la vida», y luego preguntándose: «¿En qué lado de la vida estoy yo?».

6. Los proverbios buscan establecer un orden de vida en medio del caos que se presenta producto de un mundo caído (12:1-5). Los proverbios también nos impulsan a vivir en el mundo como sal y luz y no ocultarnos de sus dilemas y dificultades (20:20-22; 23:20-22).

7. La vida moral y la vida intelectual son inseparables en el temor de Dios (28:4-7). El proverbio no es un código de conducta, sino una descripción sabia de las consecuencias positivas y negativas de nuestros actos (3:27-31). Algunos lo han llamado el «arte de la vida buena».[94] En los proverbios, la ignorancia tiene una dimensión ética, y el conocimiento produce responsabilidad moral (12:26; 13:18).

8. La búsqueda de justicia es fundamental en Proverbios. Por eso son condenadas la injusticia (17:15, 26), la parcialidad (18:5) y la corrupción (19:28).

9. Los proverbios tienen tres dimensiones: (1) la sapiencial o la manera de mirar la realidad; (2) la ética o la manera de conducirnos en la vida; (3) la espiritual o la manera de descubrir el orden de Dios.[95]

10. Proverbios es importante para la generación de cristianos del siglo XXI porque habla claramente de la libertad y el progreso del individuo, pero también de las implicaciones y responsabilidades sociales que debe considerar dentro de su libertad (15:17, 18, 21).

11. Virtudes de los proverbios: (a) su simplicidad permite arribar a la sabiduría de una manera práctica y directa, sin necesidad de conceptos complejos (21:17); (b) los proverbios prestan mucha atención a la responsabilidad corporativa como requerimiento de Dios para una vida buena (14:31; 21:13); (c) los proverbios nos permiten ver el orden de Dios en medio de la desintegración de

---

[94] Clifford, 1998, p. 43.
[95] *Ibid.*, p. 50.

la sociedad actual (20:17-22); (d) el libro de Proverbios nos insta a ser más prácticos y menos teóricos, demostrar nuestra fe en el centro de nuestras vidas y no en la periferia de nuestra religión (16:32; 19:23, 24); (e) el libro de Proverbios nos muestra que no hay asuntos humanos en los que Dios no tenga algo que decir (5:21; 23:17-19).

La interpretación de los libros de Job, Eclesiastés y Cantar de los Cantares

Es evidente por los descubrimientos de otras fuentes literarias entre los pueblos que vivieron alrededor de Israel que la literatura de sabiduría hebrea no fue un fenómeno literario único, sino una gran herencia cultural común a todo el mundo antiguo. La palabra hebrea para *sabiduría* o *sabio* tiene raíces enteramente prácticas, y algunos la definen como "el arte de tener éxito". Se usaba la palabra *sabio* para aquellos que tenían habilidades técnicas (Ex 31:3; Is 40:20) y para aquellos que tenían astucia y discernimiento para aconsejar (Pr 13:14). Lo opuesto a la sabiduría es la necedad, que no es entendida como ignorancia, sino como una actitud terca y hostil para con el Señor y su verdad. Por el contrario, toda sabiduría está en Dios (Jb 12:13; Pr 3:19).

Puesto que toda sabiduría deriva de Dios, debe haber un elemento religioso en aquello que los hebreos consideraban como sabiduría. Para ellos no había una dicotomía entre lo intelectual y lo práctico, lo religioso y lo secular, porque, aunque reconocen que el conocimiento y el temor de Dios constituyen la más alta forma de sabiduría, son conscientes, al mismo tiempo, de que la sabiduría humana, aunque menos elevada en naturaleza, es diferente solamente en grado y no en clase de la sabiduría divina.[96]

Algunas particularidades del libro de Job

Job es un libro dividido en cinco partes: (1) prólogo (1–2); (2) diálogo (3–31); (3) los discursos de Eliú (32–37); (4) la teofanía y los discursos divinos (38–42:6); (5) epílogo (42:7-17). Job refleja muchos aspectos de la experiencia humana desde una perspectiva poética, y desarrolla con mucha sensibilidad los más profundos problemas morales que confronta

---

[96] Harrison, 2016, p. 54.

la humanidad. La idea de sufrimiento físico, social, anímico y espiritual se desarrolla con precisión. Aunque la presencia del Señor y el despliegue de su poder y soberanía clarifican la situación de Job, igual queda claro que la vida es misteriosa y solo en sometimiento al Señor podremos encontrar las respuestas. Job se levanta de su dolor aprendiendo de su experiencia, con una relación más sólida y dependiente de Dios y con una madurez espiritual y emocional renovada después de la prueba.

Algunas particularidades de este libro:

1. Job es una historia que se acomoda más al tiempo patriarcal, anterior a la nación de Israel. Esto se evidencia en la simplicidad del ritual religioso, en el que no existen sacerdotes ni profetas y todo está organizado alrededor del patriarca padre de familia (Jb 1:5).
2. Toda la historia se centra en su protagonista, Job, y su grandiosa experiencia de dolor y reivindicación (14:14-17).
3. Job es una historia universal porque es anterior a la historia de Israel. Los estudiosos han señalado que la tierra de Uz (Jb 1:1) podría estar localizada en Palestina, al sureste en la tierra de Edom.
4. Job es también universal porque el tema del sufrimiento humano y su encuentro con el Dios soberano son atemporales y responden a las inquietudes de todo ser humano de cualquier época (Jb 23:1-7).
5. Desde el punto de vista poético, el libro de Job es de la máxima calidad, rico en metáforas y símiles, ironías, contrastes y frases que tratan de mostrar lo duro de su situación (Jb 19:20; 41:18).
6. Aunque algunos estudiosos dudan de la existencia de Job como personaje histórico, igual si fuera un personaje ficticio no deja de tener un valor incalculable como expresión de la realidad humana. Sin embargo, tanto en el Antiguo como en el Nuevo Testamento se lo considera como un personaje real (Ez 14:14-20; St 5:11). Sin embargo, es necesario considerar que el libro fue escrito en lenguaje poético, por lo que la historicidad queda escondida bajo el manto de la poesía.
7. El problema de Job, dice Martínez,

> no fue de carácter económico, físico, sentimental o social, sino religioso. Lo que en su caso se puso a prueba no fue su resistencia frente a la adversidad, sino su capacidad

espiritual para seguir confiando en Dios sin entender el desarrollo de su providencia. [...] Vino a ser el precursor de muchos otros creyentes cuyas estructuras doctrinales, al parecer bien fundadas, han sufrido las violentas sacudidas de vivencias desconcertantes.[97]

8. Debemos tener cuidado de no intentar encontrar en Job convicciones y esperanzas que solo fueron entendidas a la luz del Nuevo Testamento (19:25-27; 33:27-30).
9. El propósito del libro es: (a) exponer el enfrentamiento del ser humano con el enigma de la vida; (b) lo inadecuado de las especulaciones y el conocimiento humano para entender a cabalidad sus circunstancias y trascendencia; (c) lo absurdo de pretender juzgar a Dios debido a nuestro conocimiento limitado e imperfecto; (d) Dios es más grande que todos los conceptos que tengamos de él; (e) cuando el hombre está delante de Dios solo le queda humillarse.

Algunas particularidades del libro de Eclesiastés

Eclesiastés es un libro realista que demuestra que es Dios, y no el ser humano, la norma final por la cual todos los motivos y formas de conducta en la sociedad humana deben ser interpretados:

Si Dios es la fuente y el fin de todos los valores, el mundo y sus fenómenos solo pueden ser considerados creación suya, y una vida que se vive en dependencia de Dios procurará usar y disfrutar los diversos aspectos de la existencia humana para la mayor gloria de su Creador. Solamente en este tipo de acercamiento está la verdadera sabiduría, puesto que no es dado al hombre conocer las sutilezas metafísicas de la mente divina.[98]

Algunas particularidades:

1. Tradicionalmente se menciona que el autor fue el rey Salomón. Sin duda, solo un hombre con sus características y grandiosidad pudo haber experimentado todo lo que el autor dice haber

---

[97] Martínez, 2013b, p. 21.
[98] Harrison, 2016, p. 148.

vivido. Sin embargo, el "predicador" cuyo nombre desconocemos no requiere de títulos para cautivarnos.
2. El autor basa sus definiciones en la observación en primera persona de la vida diaria «bajo el sol» (aparece unas treinta veces en todo el libro) y las reflexiones que de ella se derivan (7:20, 26).
3. La característica principal del libro es la interpretación de la vida como sumamente vacía y fútil: «Vanidad de vanidades, todo es vanidad» (1:2). Esto es indudable cuando uno analiza la vida bajo el sol y se da cuenta de que la vida, con todas sus demandas e incertidumbres, termina con la muerte (2:14-16).
4. La lectura del libro requiere que el lector también participe con sus experiencias y reflexiones de la mano del autor (8:10-12).
5. El propósito básico del libro es hacernos pensar. Todas las certezas del resto de las Escrituras son puestas a prueba en Eclesiastés (9:1-4). Sin embargo, al final se entiende que la vida bajo el sol es una vida sin Dios y, por lo tanto, carente de significado (12:13, 14).
6. Si encontramos a Dios y vivimos vidas sencillas y carentes de egoísmo, podemos disfrutar la vida limitadamente (2:24-26; 3:12, 13, 22; 5:18-20). Sin embargo, sigue el recordatorio de que el ser humano no fue creado solo para vivir en la tierra y pensar que todo acaba aquí (11:1-8). Finalmente, todos seremos juzgados (11:9– 12:8).

La juventud es exaltada como el período en que se debe buscar al Creador, pero no es eterna. El autor utiliza una serie de figuras poéticas para señalar el decaimiento de la vida con el paso de los años (12:1-8):

Oscurecimiento del sol y la luz.	Llegada de los años.
Tiemblan los guardas de la casa.	Los brazos y las piernas pierden fuerza.
Los fuertes se encorven.	La espalda se encorva.
Las que muelen están ociosas porque son pocas.	Caída de los dientes, dificultad para comer.
Se nublan los que miran por las ventanas.	Falla la vista.
Se cierran las puertas de la calle.	Pérdida auditiva.
Baja el sonido del molino.	Pérdida de capacidad vocal.

Se levanta uno al canto del ave.	Falta de sueño.
Todas las hijas del canto son abatidas.	Incapacidad para el ritmo o las cosas que antes se podían hacer con facilidad.
Temor a las alturas y terrores en el camino.	El miedo y la desconfianza ante las demandas de la vida.
Florezca el almendro (flores blancas).	El pelo canoso.
Se arrastre la langosta y la alcaparra pierda su efecto.	Terminar por consumirse a uno mismo y ya no encontrar más fuerzas.
Romperse el hilo de plata.	Se pierde la movilidad.
Quebrarse el cuenco de oro.	Se pierde el vigor cerebral.
Hacerse pedazos la rueda junto al pozo.	El corazón deja de latir.
Entonces el polvo volverá a la tierra como lo que era, y el espíritu volverá a Dios que lo dio. «Vanidad de vanidades», dice el predicador, «todo es vanidad» (12:7, 8).	

Algunas particularidades del Cantar de los Cantares

El Cantar de los Cantares es uno de los libros que ha tenido más interpretaciones diversas: (1) alegórica, al plantear que este poema de amor representa algo más que una mera relación entre hombre y mujer; (2) dramática, al presentar el crecimiento del amor entre Salomón y la sulamita desde un nivel meramente físico al verdadero amor; (3) literal, una colección de cantos de amor que exaltan el sentimiento humano en su valor puro e intenso.

CAPÍTULO NUEVE
Interpretando los libros proféticos

Los libros proféticos tienden a ser evitados o malinterpretados. En la mayoría de los casos, se tiende a tomar pequeñas porciones que son mayormente palabras de consuelo y ánimo o se sobreenfatiza la futurología. Walter Kayser Jr. explica así las características básicas de la profecía bíblica:

> El grueso de la profecía, tanto en los profetas tempranos (Josué, Jueces, Samuel y los que aparecen durante los Reyes) y los profetas posteriores (Isaías, Jeremías, Ezequiel, Daniel y los doce profetas menores), junto con los profetas del Nuevo Testamento, de hecho, envuelven a los mensajeros de Dios hablando la Palabra de Dios a una cultura contemporánea que necesitaba ser desafiada a cesar su resistencia a la Palabra de Dios y a cambiar sus maneras.[99]

Ese mismo autor también nos da algunas referencias con respecto al tema de las predicciones y el futuro en toda la Biblia:

> De acuerdo con los cálculos de J. Barton Payne, hay 8352 versos con material predictivo en ellos, de un total de 31 124 versos en toda la Biblia, un sorprendente 27 por ciento de toda la Biblia tiene que ver con predicciones sobre el futuro. Payne calcula que el Antiguo Testamento contiene 6641 versículos sobre el futuro (de un total de 23 210, o el 28,6 por ciento), mientras que el Nuevo Testamento tiene 1711 (de un total de 7914 versículos o el 21,6 por ciento). ¡Juntos, esos 8352 versículos tratan acerca de 737 diferentes tópicos! Los únicos libros sin ningún material predictivo son Rut

---

[99] Kayser, 1998, p. 191.

y el Cantar de los Cantares en el Antiguo Testamento, y Filemón y 3 Juan en el Nuevo Testamento.

Los libros del Antiguo Testamento con el más alto porcentaje de profecías sobre el futuro son Ezequiel, Jeremías e Isaías, con 65, 60 y 59 por ciento de su material hablando del futuro. En el Nuevo Testamento, los tres primeros son Apocalipsis, Mateo y Lucas, con 63, 26 y 23 por ciento del total.[100]

Sin embargo, es necesario aclarar lo que señalan Fee y Stuart:

> Pasa a menudo que muchos cristianos van a los libros proféticos solo para buscar las predicciones sobre la venida de Jesús o de ciertas características del nuevo pacto. [...] Usar los profetas de esa manera es bastante selectivo. Considera, por ejemplo, la siguiente conexión estadística: menos del dos por ciento de las profecías del Antiguo Testamento son mesiánicas. Menos del cinco por ciento describen específicamente la era del nuevo pacto. Menos del uno por ciento tienen que ver con eventos por venir en nuestro tiempo.[101]

Particularidades de los textos proféticos

1. Toda profecía fue hablada por hombres que fueron directamente convocados por Dios (Jr 14:14; Jon 1:1) y, por lo tanto, actúan como sus representantes (Ml 2:1-4).
2. La mayoría de las profecías están usualmente relacionadas con el futuro inmediato de Israel, Judá y las naciones contemporáneas a esos reinos. Por lo tanto, se refieren a su futuro y no al nuestro. Sin embargo, toda profecía tiene un alto contenido espiritual y moral que sirve de enseñanza para todas las generaciones.
3. Algunos profetas importantes como Samuel, Elías y Eliseo son más conocidos por sus hechos que por sus profecías. Otros como Daniel y Jonás tienen una mezcla de profecía y biografía.
4. Toda profecía tiene un carácter enigmático y, por lo tanto, la profecía no está dada para ser entendida completamente antes de su total cumplimiento. Eso no significa que los oyentes no puedan percibir la advertencia y las consecuencias futuras de

---

[100] *Ibid.*
[101] Fee & Stuart, 2014, p. 182.

su obediencia o su desobediencia. Dado que la profecía incluye mucho material figurativo y simbólico, se hace necesario tener sumo cuidado con el significado de las palabras.
5. Toda profecía da por sentado que el Señor ha manifestado su voluntad y su pacto a su pueblo y, por consiguiente, toda profecía funciona como un reforzador y una advertencia para no perder de vista las bendiciones de la obediencia o las maldiciones que puede producir la desobediencia. Por lo tanto, es importante familiarizarse con el contenido de la ley y las categorías de bendición y maldición que se encuentran en Levítico 26 y Deuteronomio 4, 28–32.

> La ley contiene ciertas categorías de bendición corporativa para los que son fieles al pacto: vida, salud, prosperidad, abundancia agrícola, respeto y seguridad. Muchas de las bendiciones citadas caerán bajo uno de estos seis grupos. Para las maldiciones, la ley describe castigos corporativos que pueden ser agrupados bajo diez categorías: muerte, enfermedad, sequía, penurias, peligros, destrucción, derrota, deportación, destitución y desgracia. La gran mayoría de las maldiciones caen bajo esas categorías.[102]

6. Toda profecía responde a una perspectiva profética donde se mezclan juntamente los aspectos cercanos y distantes en una misma visión o mensaje. Esto se asemeja a la visión que podemos tener de dos picos de montañas, pero sin ver la distancia y las características del terreno entre ambas cumbres.
7. Toda predicción profética no es absolutamente independiente una de otra. El Señor tiene un plan perfecto e inmutable que se va desarrollando en medio de las circunstancias cambiantes del ser humano, por lo que, definitivamente, toda profecía está unida al plan eterno de Dios y también responde a las circunstancias particulares de la vida bajo el sol.
8. Toda predicción profética encierra el deseo de Dios para su pueblo de todos los tiempos: (a) que creamos correctamente (ortodoxia); (b) que actuemos correctamente (ortopraxis).

---

[102] *Ibid.*, p. 185.

9. Los profetas tenían un entendimiento general de las profecías y estaban bien al tanto de sus consecuencias. Asimismo, el profeta era capaz de relacionar sus predicciones con los eventos contemporáneos y circunstancias que les daban origen (Am 3:1-8).
10. Existen tres tipos de profecía: (a) incondicional: responden a los eventos más importantes de la historia de la redención (Jr 31:31-34); (b) condicional: responden a la actitud del pueblo ante la advertencia profética (Lv 26; Dt 28–32; Jr 18:7-10); (c) secuencial: contienen una serie de eventos que se cumplirán en una secuencia que podría tomar varios siglos (Jl 2).
11. Algunos han señalado que toda profecía podría tener tres niveles de realización parcial: (a) la palabra predictiva, que se cumplirá (o se cumplió) en el futuro; (b) la palabra histórica, que se relaciona con cada generación que se conecta con esa predicción de diferentes maneras; (c) el cumplimiento final de esa palabra en el Nuevo Testamento o en la segunda venida de Jesucristo.
12. Al leer las profecías podemos buscar el siguiente patrón: (a) una identificación con el pecado de Israel o con el amor de Dios por su pueblo; (b) una predicción de maldición o bendición, dependiendo de las circunstancias.
13. A diferencia de otros escritos en los que se requiere una lectura completa para una mejor interpretación (como en las cartas apostólicas), las profecías están menos interconectadas, por lo que es mejor tomar más tiempo y distancia una de otra para una mejor interpretación.
14. Para una correcta interpretación de los libros proféticos necesitaremos algunas ayudas externas: diccionarios y comentarios que nos presenten una vista panorámica del libro junto con sus características históricas y documentales. Haber leído una buena introducción de cada libro nos puede ayudar a entender las situaciones particulares por las que el pueblo y los profetas atravesaron.

CAPÍTULO DIEZ
Proceso de estudio práctico de la Biblia

Todas las reglas anteriores serían inútiles si no nos decidimos a leer la Biblia por nosotros mismos. Estoy seguro de que muchos se proponen cada año leer la Biblia con cuidado y esmero, pero son muy pocos los que pasan la etapa inicial. Después de pocos días o semanas todo termina como un buen deseo. El problema radica en que queremos abarcarlo todo y no tenemos un plan a largo plazo que nos prepare para enfrentar la enorme cantidad de material que representa la Biblia. Es por eso que me propongo brindar algunos consejos y sugerencias prácticas que permitan poder leer, disfrutar, profundizar y aplicar el contenido de la Biblia en nuestras vidas, pero sin morir en el intento.

Hay tres pasos básicos en el proceso de interpretación de las Escrituras: (1) leer; (2) registrar; (3) reflexionar.[103] De estos tres pasos principales y básicos se desprende todo el proceso de hacer que la Biblia se vuelva "mi Biblia". Veamos ahora algunos puntos con más detalle:

1. Lo primero que debemos hacer es proponernos leer la Biblia en orden, tal como aparece en las versiones que tenemos en nuestras manos. Hacerlo de otra manera siempre podrá generar que nos preguntemos: «¿Qué hubiera pasado si hubiese empezado por aquí o por allá?».
2. Debemos procurar leer cada libro de manera general y sin entrar tanto en los detalles. Lo importante es que podamos responder a la pregunta: ¿qué estamos leyendo? Nunca se podrá hacer una interpretación correcta sin antes conocer el contenido general de cada libro. A veces, estamos tan ansiosos por profundizar en textos específicos que nos parece demasiado tiempo el tener que

---
[103] Hendricks & Hendricks, 2007, p. 40.

darle una leída general al texto completo antes de dedicarnos a las tareas específicas de interpretación.
3. Mientras leemos por segunda vez el libro, debemos marcar en el mismo texto todo aquello que nos sirva de orientación al momento de crear el "mapa" del libro. Esto incluye el descubrimiento de: (a) los personajes principales, autor, destinatario, etc.; (b) el propósito implícito o explícito; (c) palabras o ideas que se repiten continuamente; (d) los énfasis del autor, los textos que más resaltan; (e) palabras o ideas que nos son desconocidas o cuya interpretación se nos hace oscura; (f) el hilo de la historia.
4. Se hace necesario establecer las divisiones naturales del libro. En la mayoría de los casos, las divisiones propuestas tradicionalmente por capítulos y versículos y también las divisiones propuestas por las nuevas versiones sirven de ayuda para delimitar las divisiones de los textos. Sin embargo, es necesario que nosotros podamos hacer ese trabajo por nosotros mismos. Entonces, lo que tenemos que marcar es: (1) el inicio y el final de un pensamiento o una historia; (2) las diferentes partes en que el texto completo está dividido; (3) las introducciones, conclusiones, ejemplos, etc. en los que se divide el texto.
5. Ahora debemos ponerles títulos y subtítulos a las diferentes divisiones que se han encontrado en el texto. Esto es muy difícil de hacer en la Biblia misma (por falta de espacio), pero se puede hacer por separado en un cuaderno (o mucho mejor en un archivo de computadora), al que podemos llamar "Cuaderno de exégesis personal" (Dt 17:18, 19). Este archivo podría tener la siguiente apariencia:

Texto	*División*	*Título (Colosenses 4:7-18)*
4:7-18	5	**SALUDOS FINALES**
4:7-14	5.1	Saludos y noticias de los compañeros de Pablo
4:15	5.2	Saludos específicos de Pablo
4:16	5.3	Invitación a compartir las cartas
4:17	5.4	Exhortación a Arquipo
4:18	5.5	Firma de Pablo y bendición final

6. Al cuadro anterior le podemos añadir dos columnas para colocar las "certezas" y las "dificultades" que hemos encontrado en el texto: (1) certezas: la idea es que podamos escribir con nuestras propias palabras lo que entendemos del texto, añadiendo textos complementarios, aplicaciones directas y todo aquello que percibamos que podemos aprender del texto directamente; (2) dificultades: la idea es que podamos escribir las dudas que el texto genera, las preguntas que surgen de su lectura, las palabras que no tienen significado, los textos que podemos creer que se oponen a las ideas presentadas.

Texto	*División*	*Título*	*Certezas*	*Dificultades*
4:7-18	5	**SALUDOS FINALES**		
4:7-14	5.1	Saludos y noticias de los compañeros de Pablo		
4:15	5.2	Saludos específicos de Pablo		
4:16	5.3	Invitación a compartir las cartas	No hay duda de que las cartas tienen un valor universal porque Pablo invita a que se lean en otras iglesias. Son documentos de enseñanza. 2 Pedro 3:15, 16: Pedro conocía las cartas de Pablo y las reconocía como documentos de enseñanza.	¿Dónde está la carta de Laodicea? ¿Se habla de Laodicea en Hechos?
4:17	5.4	Exhortación a Arquipo		
4:18	5.5	Firma de Pablo y bendición final		

7. Ya que no tenemos conocimientos de griego o hebreo, se hace necesario que leamos el texto bíblico en todas las versiones que tengamos disponibles. Gordon Fee sugiere que leamos por lo menos siete versiones antes de poder sacar alguna conclusión. Al leer las diferentes versiones deberemos hacer lo siguiente: (1) marcar las similitudes y las diferencias entre las versiones; (2) señalar las palabras sinónimas de aquellas que definitivamente señalan un significado diferente.

Texto	Div.	Título	RV60	LBLA	NVI	BLS
4:7-18	5	**SALUDOS FINALES**				
4:7-14	5.1	Saludos y noticias de los compañeros de Pablo				
4:15	5.2	Saludos específicos de Pablo				
4:16	5.3	Invitación a compartir las cartas	Cuando esta carta haya sido leída entre vosotros, haced que se lea también en la iglesia de los laodicenses; y la de Laodicea leedla también vosotros.	Cuando esta carta se haya leído entre vosotros, hacedla leer también en la iglesia de los laodicenses; y vosotros, por vuestra parte, leed la carta que viene de Laodicea.	Una vez que se les haya leído a ustedes esta carta, que se lea también en la iglesia de Laodicea, y ustedes lean la carta dirigida a esa iglesia.	Cuando ustedes hayan leído esta carta, háganla llegar a los que se reúnen en Laodicea, para que también ellos la lean, y ustedes a su vez lean la carta que yo les envié a ellos.
4:17	5.4	Exhortación a Arquipo				
4:18	5.5	Firma de Pablo y bendición final				

Si completamos estos siete pasos habremos logrado: (1) tener una idea general tanto del contenido específico y el contexto de un pasaje como del contenido general de todo el libro; (2) habremos descubierto los puntos claros y las áreas problemáticas que requieren mayor investigación; (3) podremos pasar a la siguiente etapa de un análisis más profundo, ayudados de otros materiales externos a las Escrituras.

8. Debemos recurrir a diferentes materiales de consulta que puedan brindarnos una mayor luz y mayores informaciones introductorias, contextuales, históricas, teológicas, culturales, doctrinales, etc.

Texto	Div.	Título	HENDRIKSEN	ZONDERVAN	MacArthur	The Pulpit C.
4:16	5.3	Invitación a compartir las cartas	Existen diferentes teorías en cuanto a la carta de Laodicea: (1) una carta escrita para los laodicenses; (2) una carta escrita desde Laodicea; (3) una carta escrita por Pablo a Filemón; (4) la carta apócrifa a los Laodicenses; (5) la carta a los Efesios.	Esta carta está perdida y no se puede confundir ni con Efesios ni con la apócrifa. Lo que queda claro es que había una clara asociación entre las iglesias. La lectura de las cartas debió de seguir con tiempos de reflexión y preguntas.	La carta a Laodicea es la carta a los Efesios porque los manuscritos más antiguos no tienen la referencia a "los efesios" y puede haber servido para diferentes iglesias en la región. Tíquico debió de haber hecho correr la carta por la región.	Definitivamente es la carta a los Efesios: (1) estas epístolas se complementan; (2) los argumentos principales se complementan; (3) la carta a Efesios no tenía destinatario; Tertuliano nombró la carta a los Efesios como a los Laodicenses.

Como ya hemos visto, el proceso incluye: leer, marcar o mapear el texto, dividirlo de acuerdo con sus ideas completas, titular de acuerdo con esas ideas completas, ponerle un nombre, encontrar las certezas y las dificultades, revisar otras versiones, revisar la exégesis profesional que se encuentra en los comentarios y los libros. La idea con los comentarios es revisar a los académicos y ver qué respuestas tienen para nuestras certezas y nuestras dificultades.

Finalmente, la meta es que podamos disfrutar de ese trabajo y decir: *Realmente, ahora, creo que conozco más profundamente este texto, ahora entiendo lo que significa el mandamiento del Señor cuando dice: "Escudriñad las Escrituras", que es cuando rebuscamos profundamente en su significado y tratamos de encontrar respuestas a aquello que el Señor nos ha dado*. El Señor dice:

> Este libro de la ley no se apartará de tu boca, sino que meditarás en él día y noche, para que cuides de hacer todo lo que en él está escrito. Porque entonces harás prosperar tu camino y tendrás éxito. (Jos 1:8)

Hasta este momento, hemos llegado a la primera parte de la demanda que el Señor le hizo a Josué al pedirle que la Palabra no se apartase de su boca. Recordemos que la Escritura era un libro para memorizar, y para eso es necesario registrar. No debemos olvidar que la tinta es más fuerte que la memoria. Meditar de día y de noche luciría como el ejercicio práctico que acabamos de realizar.

¿Cómo hacer de la Palabra de Dios mi palabra? En los dos próximos capítulos, buscaremos y averiguaremos cómo cuidar de hacer todo lo que en la Palabra está escrito. El paso final de todo estudio bíblico y del conocimiento de la Palabra de Dios es que podamos aplicar sus enseñanzas y mandamientos en nuestras vidas.

CAPÍTULO ONCE
Ejercicio práctico de aplicación hermenéutica I: La labor individual

Leer la Biblia por nosotros mismos es el objetivo final de todo estudio de la hermenéutica. Es evidente que hay muchos modelos y formas de trabajar para lograr una correcta interpretación de la Palabra de Dios. Sin embargo, todos ellos tienen en común el desarrollo de un método que nos guíe a través de un procedimiento que nos permita leer la Biblia con entendimiento para poder desentrañar sus verdades, conocer mejor a nuestro Señor y aplicar sus enseñanzas para beneficio de nuestras vidas y gloria de Dios.

Lo que haremos a continuación es realizar juntos un proceso hermenéutico que nos permitirá adentrarnos en el texto e ir descubriendo su significado paso a paso. Uno de los grandes errores que cometemos los lectores de la Biblia es intentar encontrar el significado y la aplicación del texto bíblico a la primera pasada. Leemos y esperamos entender el suceso o la enseñanza y de inmediato tratar de encontrar la aplicación para nuestras vidas. Hacerlo de esa manera no solo es un error, sino que también genera gran frustración porque no es la manera más adecuada para desentrañar la verdad de las Escrituras.

Desarrollar el trabajo hermenéutico de interpretación bíblica no es simplemente un proceso de lectura-entendimiento-aplicación. No es como leer con cuidado un manual de funcionamiento de un electrodoméstico para luego usarlo y sacarle el mayor provecho posible. Esa sería una visión muy pragmática de la lectura bíblica que sería más utilitaria y menos relacional. No debemos olvidar que se trata de la revelación amorosa y sobrenatural de Dios, la manifestación de su carácter y el desvelamiento de su plan de redención majestuoso, inmutable y poderoso. Además, nos enfrentamos a un texto milenario, escrito en diferentes géneros literarios y que expresa realidades grandiosas que exceden a nuestro entendimiento natural. Por eso no puede ser tan fácil y práctico como leer el manual del microondas para usarlo de manera eficiente.

Desentrañar el significado del texto bíblico es más como el trabajo dedicado y minucioso de un arqueólogo. Lo que para el ojo no entrenado es solo un montículo de tierra en un paraje desolado, para un arqueólogo experto es un sitio que podría esconder tesoros antiguos invaluables. Recuerdo que, cuando era niño, iba con los amigos a una pequeña loma que había cerca de mi casa a realizar piruetas con la bicicleta. Para nosotros solo era arena, piedras y unas buenas subidas y bajadas que nos permitían hacer algo de *bicicross*. Sin embargo, esa "loma eriaza" escondía debajo una edificación prehispánica que, tras muchos años de paciente trabajo de excavación arqueológica, salió a la luz en toda su antigua magnificencia.

En estos dos últimos capítulos haremos el trabajo de un "arqueólogo hermenéutico" y nos adentraremos con suma paciencia, buen humor, prudencia, tiempo y cuidado en un texto bíblico particular para realizar el ejercicio de desentrañar su significado. La epístola del apóstol Pablo a Filemón será nuestro material de trabajo. Seguiremos las pautas recibidas a lo largo del libro, habrá espacio suficiente para seguir los lineamientos y también proporcionaré claves de interpretación para poder lograr el propósito. Así como un arqueólogo utiliza instrumentos muy pequeños y delicados, como pequeñas brochas y punzones, para ir desenterrando y exponiendo los secretos, iremos igualmente paso a paso a través de esta carta, y con un lápiz y una regla empezaremos a hurgar en el texto para ir descubriendo sus secretos y conociendo sus verdades.

A continuación, encontrarás el texto de Filemón tal como aparece en nuestras Biblias. La idea es que cada vez que nos adentremos en alguna búsqueda particular de este texto lo hagas en este espacio, de tal manera que puedas ir aprendiendo a volver al texto una y otra vez y, como buenos arqueólogos hermenéuticos, vayamos desentrañando sus tesoros.

Primer raspado del terreno

Vamos a dar una primera lectura al texto para encontrar los aspectos esenciales y evidentes de la epístola. Esta primera búsqueda no representa mayor dificultad, porque lo que estaremos tratando de averiguar son los nombres de los protagonistas de la carta (remitente, destinatarios y otros mencionados), alguna circunstancia particular que muestre la intención de la misiva y los lugares que sean identificables con facilidad para poder tener los primeros datos elementales que nos vayan dando las primeras pistas para poder interpretar esta carta con fidelidad y claridad. Es importante también notar la forma en que Dios es mencionado a través de las personas de la Trinidad y sus diferentes manifestaciones a lo largo de la carta.

La epístola del apóstol Pablo a
FILEMÓN

¹ Pablo, prisionero de Cristo Jesús, y el hermano Timoteo:
A Filemón nuestro amado hermano y colaborador, ² y a la hermana Apia, y a Arquipo, nuestro compañero de lucha, y a la iglesia que está en tu casa: ³ Gracia a ustedes y paz de parte de Dios nuestro Padre y del Señor Jesucristo.
⁴ Doy gracias a mi Dios siempre, haciendo mención de ti en mis oraciones, ⁵ porque oigo de tu amor y de la fe que tienes hacia el Señor Jesús y hacia todos los santos. ⁶ Ruego que la comunión de tu fe llegue a ser eficaz por el conocimiento de todo lo bueno que hay en ustedes mediante Cristo. ⁷ Pues he llegado a tener mucho gozo y consuelo en tu amor, porque los corazones de los santos han sido confortados por ti, hermano.
⁸ Por lo cual, aunque tengo mucha libertad en Cristo para mandarte hacer lo que conviene, ⁹ no obstante, por causa del amor que te tengo, te hago un ruego, siendo como soy, Pablo, anciano, y ahora también prisionero de Cristo Jesús: ¹⁰ te ruego por mi hijo Onésimo, a quien he engendrado en mis prisiones; ¹¹ quien en otro tiempo te era inútil, pero ahora nos es útil a ti y a mí. ¹² Y te lo he vuelto a enviar en persona, es decir, como si fuera mi propio corazón. ¹³ Hubiera querido retenerlo conmigo, para que me sirviera en lugar tuyo en mis prisiones por el evangelio.

¹⁴ Pero no quise hacer nada sin tu consentimiento, para que tu bondad no fuera como por obligación, sino por tu propia voluntad. ¹⁵ Porque quizá por esto se apartó de ti por algún tiempo, para que lo volvieras a recibir para siempre, ¹⁶ ya no como esclavo, sino como más que un esclavo, como un hermano amado, especialmente para mí, pero cuánto más para ti, tanto en la carne como en el Señor.
¹⁷ Si me tienes, pues, por compañero, acéptalo como me aceptarías a mí. ¹⁸ Y si te ha perjudicado en alguna forma, o te debe algo, cárgalo a mi cuenta. ¹⁹ Yo, Pablo, escribo esto con mi propia mano. Yo lo pagaré (por no decirte que aun tú mismo te me debes a mí). ²⁰ Sí, hermano, permíteme disfrutar este beneficio de ti en el Señor. Recrea mi corazón en Cristo.
²¹ Te escribo confiado en tu obediencia, sabiendo que harás aún más de lo que digo. ²² Y al mismo tiempo, prepárame también alojamiento, pues espero que por las oraciones de ustedes les seré concedido.
²³ Te saluda Epafras, mi compañero de prisión en Cristo Jesús; ²⁴ también Marcos, Aristarco, Demas y Lucas, mis colaboradores.
²⁵ La gracia del Señor Jesucristo sea con el espíritu de ustedes.

> Vuelve al texto de la epístola a Filemón y encuentra esos primeros datos. Deberás leer todo el texto de principio a fin, y cuando encuentres nombres, circunstancias y lugares debes subrayarlos para poder identificarlos con facilidad.

Si ya has encontrado personajes, circunstancias y lugares identificables, entonces te será fácil poder hacer un cuadro similar al siguiente:

Personaje	Texto	Particularidad	Lugar identificable
Pablo	1 9 19	Prisionero de Cristo Jesús. Remitente. Anciano, prisionero de Cristo. Escritor de la carta.	¿Cárcel? ¿Lugar?
Timoteo	1	Hermano, corremitente.	
Filemón	1	Amado hermano y colaborador. ¿Pastor de la iglesia en su casa? Destinatario.	¿Ubicación? ¿Parentesco?
Apia	2	Hermana, destinataria.	
Arquipo	2	Compañero de lucha, destinatario.	
Iglesia	2	Destinataria.	En la casa de Filemón.
Onésimo	10	Hijo espiritual de Pablo durante sus prisiones. Esclavo que huyó de Filemón. Pablo intercede por él.	Estuvo con Pablo y ahora ha vuelto donde Filemón.
Epafras	23	Compañero de prisión.	¿Cárcel?
Marcos, Aristarco, Demas y Lucas	24	Colaboradores de Pablo.	¿Ubicación?

| Cristo Jesús | 1
3
6
8
25 | Pablo es su prisionero (1:9).
Es Señor.
Dador de todo lo bueno.
Dador de libertad.
Dador de gracia. | |
| Dios | 3 | Nuestro Padre. | |

En términos generales, podríamos decir que la epístola tiene como "remitentes" a Pablo y Timoteo, quienes aparentemente escriben desde la cárcel, y tiene como "destinatarios" a Filemón, Apia y Arquipo. No sabemos todavía cuál es el vínculo entre ellos ni tampoco su ubicación geográfica. Podríamos pensar que son familiares, aunque tendremos que confirmarlo a través de otras fuentes porque la carta no entrega esa información. Pablo extiende la carta a toda la iglesia que se reúne en la casa de Filemón. Tendremos que verificar si Filemón era el pastor de esa iglesia o lo era otra persona.

El personaje que motiva la carta es Onésimo. Podemos deducir, por lo que Pablo dice, que se trata de un esclavo que huyó de la casa de Filemón.

Los nombres que aparecen al final de la carta son de colaboradores de Pablo que aprovechan la carta para saludar a Filemón. En total se identifican doce nombres, una referencia a una iglesia, Jesús es nombrado en varias oportunidades y también Dios Padre. Es bastante evidente que el Señor Jesucristo ocupa un lugar prominente en toda la carta.

Aunque es cierto que muchos de esos nombres son conocidos o suenan familiares, igual debemos cerciorarnos de conocer realmente su identidad y su ubicación en el plan de Dios. Más adelante podremos usar otras fuentes para descubrir su identidad e historia con mayor precisión. Por el momento no queremos investigar fuera del mismo texto bíblico. Ya habrá tiempo más adelante para consultar otras fuentes.

Segunda excavación

Ahora que tenemos claro quiénes son los personajes involucrados y hemos identificado lugares y ciertas particularidades generales básicas, pasemos a identificar el propósito de la epístola. Lo que buscaremos son las palabras o frases originales del autor que nos permitan identificar la intención al escribir la carta.

> Vuelve al texto de la epístola a Filemón y léelo nuevamente por completo hasta que puedas encontrar el propósito de la carta en el mismo texto y con las propias palabras del autor. Cuando lo encuentres, subráyalo y ponle al lado una P que indique que se trata del propósito de la carta.

Podemos añadir a nuestra lista de descubrimientos el propósito de la epístola a Filemón. Para realizar posteriormente un estudio que nos ayude a tener aún más claro el propósito de Pablo al escribir esta carta, podríamos primero encontrar las secciones que podrían darnos pistas del propósito de la carta junto con algunas palabras clave que nos ayuden a puntualizar ese propósito de una manera más precisa.

Propósito literal	Texto	Palabras clave	Consideraciones
¹⁰ te ruego por mi hijo Onésimo, a quien he engendrado en mis prisiones; ¹¹ quien en otro tiempo te era inútil, pero ahora nos es útil a ti y a mí. ¹² Y te lo he vuelto a enviar en persona, es decir, como si fuera mi propio corazón.	10	Te *ruego por* mi hijo Onésimo.	Pablo está escribiendo esta carta a Filemón para interceder por Onésimo, un esclavo que huyó de Filemón, se convirtió por la predicación de Pablo, y ahora es enviado de vuelta a la casa de Filemón.
¹⁷ Si me tienes, pues, por compañero, acéptalo como me aceptarías a mí.	17	*Acéptalo* como me aceptarías a mí.	

Estableciendo orden en la excavación

La división de la Biblia en versículos ha sido de una excelente ayuda para identificar textos y secciones con mucha facilidad, pero también nos ha hecho perder de vista la unidad amplia del texto bíblico, porque no solo está compuesto por ideas independientes, sino por mensajes amplios, completos e interconectados que, de no identificarse, hará que se pierda de vista el significado completo de la revelación de Dios.

El trabajo hermenéutico que haremos a continuación será establecer un "mapa" de la epístola que nos permita saber cuáles son los diferentes terrenos que vamos pisando. Todo escrito siempre desarrolla un argumento, una idea amplia o simplemente narra un evento. Ya conocemos algo del propósito de la carta a Filemón, pero todavía no conocemos cómo el apóstol Pablo organizó y desarrolló su petición a Filemón. Sabemos que le escribió para interceder por Onésimo, y ahora queremos conocer y comprender cómo desplegó su argumento para hacer ese pedido tan importante y sensible.

El desarrollo de un pensamiento, un argumento o una historia al momento de escribir un ensayo, una carta o cualquier otro tipo de escrito requerirá que el escritor vaya procesando una serie de ideas que se van completando y concatenando en diferentes oraciones y párrafos que tienen un principio y un fin. Un libro, una carta o un ensayo no es simplemente un párrafo interminable con una sola idea repetida

Ejercicio práctico de aplicación hermenéutica I

ad infinitum de mil maneras, sino que la belleza del desarrollo de un pensamiento radica en que podemos desplegar un mismo argumento o cumplir un mismo propósito a través de la presentación de múltiples ideas completas que se van uniendo entre sí, de tal modo que el lector va "digiriendo", siguiendo y entendiendo de forma ordenada lo que el escritor está buscando explicar o relatar en su escrito.

Pongamos un ejemplo muy breve que nos permitirá reconocer las diferentes secciones dentro del desarrollo de una idea completa. Nuestro Señor Jesucristo enseñó lo siguiente en una sección de lo que se conoce como sermón del monte:[104]

Texto bíblico	Secciones y divisiones
	NO JUZGUES A LOS DEMÁS (Mt 7:1-6) (Este podría ser el título de toda la sección)
No juzguen para que no sean juzgados.	**EL MANDAMIENTO (v. 1)** El v. 1 encierra el mandamiento específico que el Señor está estableciendo.
² Porque con el juicio con que ustedes juzguen, serán juzgados; y con la medida con que midan, se les medirá.	**La razón para el mandamiento (v. 2)** El porqué inicial demuestra que el Señor está presentando una razón para el mandamiento. Da a conocer el problema de reciprocidad negativa ante un veredicto injusto.
³ ¿Por qué miras la mota que está en el ojo de tu hermano, y no te das cuenta de la viga que está en tu propio ojo?	**Ejemplo para clarificar la razón del mandamiento (vv. 3-5)** B.1 El **problema**: *La falta de objetividad en nuestro juicio.* Tenemos a ser muy benevolentes con nuestras faltas y muy severos con las faltas de los demás. Vivimos mirando las minucias de los demás e ignoramos nuestros grandes problemas.

---

[104] No es mi intención interpretar el texto en sí, solo mostrar cómo podemos dividir una sección en títulos y subtítulos que nos guíen en el desarrollo del argumento de principio a fin.

Texto bíblico	Secciones y divisiones
⁴ ¿O cómo puedes decir a tu hermano: «Déjame sacarte la mota del ojo», cuando la viga está en tu ojo? ⁵ ¡Hipócrita! Saca primero la viga de tu ojo, y entonces verás con claridad para sacar la mota del ojo de tu hermano.	B.2 La **solución**: *No hacer juicios, sino primero buscar la resolución práctica de nuestros problemas para poder ayudar a otros.* No podremos ayudar a nadie mientras no nos enfoquemos en erradicar lo malo en nuestras propias vidas. Jesús enfatiza que no se trata de hablar de los demás, sino de empezar por nosotros y, si vemos algo en otro, ayudarlo sin juzgar.
⁶ No den lo santo a los perros, ni echen sus perlas delante de los cerdos, no sea que las huellen con sus patas, y volviéndose los despedacen a ustedes.	**Metáfora confirmatoria para no repetir el juicio sobre otros** El peso de prueba cae sobre la acción personal de dar o echar lo santo y valioso a lo inmundo. Tal acción es peligrosa y destructiva. El problema no está en los cerdos o los perros, sino en el error de juicio al darles lo que no les corresponde. Es decir, es nuestro constante error de juicio lo que da lugar al mandamiento.

Vuelve al texto de la epístola a Filemón y léelo nuevamente por completo hasta que puedas encontrar las diferentes divisiones (y posibles subdivisiones) naturales de la carta que te permitan reconocer el proceso de desarrollo del argumento que presenta Pablo. Puedes hacer líneas con un lápiz que marquen las divisiones de ideas completas y también puedes ponerle un título distintivo a cada parte y subparte, si las hubiere.

Procura no quedarte ni dejarte influenciar por las divisiones que aparecen en la Biblia. Lee con cuidado y descubre cuándo y cómo el apóstol Pablo va desarrollando sus ideas de principio a fin.

Volveremos a traer el texto completo a continuación para mostrarte cómo lo he mapeado, y te doy la libertad para que puedas corroborar tus propias divisiones personales o establecer otras tal como creas que las hayas encontrado durante tu propio análisis personal.

Ejercicio práctico de aplicación hermenéutica I

Texto	Títulos/subtítulos
	Saludo general
¹ Pablo, prisionero de Cristo Jesús, y el hermano Timoteo:	1.1 Remitentes.
A Filemón nuestro amado hermano y colaborador, ² y a la hermana Apia, y a Arquipo, nuestro compañero de lucha, y a la iglesia que está en tu casa:	1.2 Destinatarios.
³ Gracia a ustedes y paz de parte de Dios nuestro Padre y del Señor Jesucristo.	1.3 Bendiciones generales.
	Las virtudes de Filemón reconocidas en oración por Pablo
⁴ Doy gracias a mi Dios siempre, haciendo mención de ti en mis oraciones, ⁵ porque oigo de tu amor y de la fe que tienes hacia el Señor Jesús y hacia todos los santos.	2.1 Pablo agradece a Dios por la fe y el amor de Filemón hacia Dios y el prójimo.
⁶ Ruego que la comunión de tu fe llegue a ser eficaz por el conocimiento de todo lo bueno que hay en ustedes mediante Cristo.	2.2 Petición por una transmisión eficaz de la fe de Filemón.
⁷ Pues he llegado a tener mucho gozo y consuelo en tu amor, porque los corazones de los santos han sido confortados por ti, hermano.	2.3 Pablo le reconfirma a Filemón que es de bendición para muchos.
	Pablo presenta su petición a favor de Onésimo
⁸ Por lo cual, aunque tengo mucha libertad en Cristo para mandarte hacer lo que conviene, ⁹ no obstante, por causa del amor que te tengo, te hago un ruego, siendo como soy, Pablo, anciano, y ahora también prisionero de Cristo Jesús:	3.1 Pablo no recurre a su autoridad, sino que hace un ruego basado en el amor y en su condición.
¹⁰ te ruego por mi hijo Onésimo,	3.2 Pablo presenta el pedido a favor de Onésimo.
a quien he engendrado en mis prisiones;	3.2.1 Origen de la relación con Pablo.

Texto	Títulos/subtítulos
¹¹ quien en otro tiempo te era inútil, pero ahora nos es útil a ti y a mí. ¹² Y te lo he vuelto a enviar en persona, es decir, como si fuera mi propio corazón. ¹³ Hubiera querido retenerlo conmigo, para que me sirviera en lugar tuyo en mis prisiones por el evangelio.	3.2.2 Su nuevo estatus según Pablo: útil, valioso, siervo.
¹⁴ Pero no quise hacer nada sin tu consentimiento, para que tu bondad no fuera como por obligación, sino por tu propia voluntad. ¹⁵ Porque quizá por esto se apartó de ti por algún tiempo, para que lo volvieras a recibir para siempre, ¹⁶ ya no como esclavo, sino como más que un esclavo, como un hermano amado, especialmente para mí, pero cuánto más para ti, tanto en la carne como en el Señor.	3.2.3 La petición para que Filemón también cambie su opinión sobre Onésimo. 3.2.4 Pablo realiza diferentes apelaciones para ganar el favor de Filemón.
¹⁷ Si me tienes, pues, por compañero, acéptalo como me aceptarías a mí.	3.2.4.1 Que Filemón acepte a Onésimo como lo aceptaría a él.
¹⁸ Y si te ha perjudicado en alguna forma, o te debe algo, cárgalo a mi cuenta. ¹⁹ Yo, Pablo, escribo esto con mi propia mano. Yo lo pagaré (por no decirte que aun tú mismo te me debes a mí). ²⁰ Sí, hermano, permíteme disfrutar este beneficio de ti en el Señor. Recrea mi corazón en Cristo.	3.2.4.2 Se ofrece a pagar cualquier deuda o perjuicio que Onésimo haya dejado pendiente.
²¹ Te escribo confiado en tu obediencia, sabiendo que harás aún más de lo que digo.	3.2.4.3 Declara su confianza en una respuesta positiva de Filemón.
²² Y al mismo tiempo, prepárame también alojamiento, pues espero que por las oraciones de ustedes les seré concedido.	3.2.4.4 Promete una visita en el futuro.
	Palabras finales y despedida
²³ Te saluda Epafras, mi compañero de prisión en Cristo Jesús; ²⁴ también Marcos, Aristarco, Demas y Lucas, mis colaboradores.	4.1 Saludos de diferentes hermanos.
²⁵ La gracia del Señor Jesucristo sea con el espíritu de ustedes.	4.2 Bendición final.

Ejercicio práctico de aplicación hermenéutica I

De seguro ya has notado que hemos ido avanzando en nuestro trabajo de excavación arqueológica hermenéutica y ya vamos poco a poco desentrañando y entendiendo la epístola que Pablo le escribió a Filemón. Quisiera hacerte notar que, hasta el momento, solo ha sido necesario usar nuestro propio entendimiento, un poco de tiempo, lápiz y papel y, por supuesto, la guía del Espíritu Santo. Ya tenemos una idea más o menos clara de los personajes, los lugares y el propósito de la carta, y también hemos podido mapear el desarrollo del argumento de Pablo de principio a fin en la epístola.

Examinando el terreno desde perspectivas distintas

El paso siguiente será observar otras versiones de la Biblia para prestar atención a la forma en que las diferentes traducciones del texto de la carta a Filemón nos pueden dar mayor claridad o una nueva perspectiva a esta epístola que vamos conociendo en profundidad. Debido a que no contamos con mucho espacio en este libro, en esta oportunidad confrontaremos la versión que hemos usado a lo largo de este libro, la Nueva Biblia de las Américas (NBLA), que es una traducción literal, con la Nueva Versión Internacional (NVI), que es una traducción dinámica, y la Nueva Traducción Viviente (NTV), una traducción a un español de fácil comprensión.

> Estableceremos los tres textos uno al lado del otro y buscaremos encontrar y marcar (subrayando lo conflictivo o poniendo en negritas las **similitudes**) las palabras clave que nos entreguen mayor claridad sobre lo que dice el apóstol, una nueva perspectiva u otras preguntas que requerirán de una mayor aclaración.

Este ejercicio es sumamente productivo porque nos permite navegar por el texto una y otra vez a través de diferentes versiones que nos ofrecen distintos ángulos de luz desde las diversas traducciones del texto bíblico. Siempre hay, en nuestras versiones, palabras o frases que forman parte del lenguaje bíblico tradicional, pero que con el paso del tiempo han dejado de ser parte del lenguaje común. Tal es el caso de palabras como "escudriñar", "constreñir" o "ceñir los lomos", que requieren de un diccionario o un comentario para poder saber su significado. Es cierto que los cristianos solemos usarlas una y otra vez dentro de nuestra cultura evangélica, pero no podemos negar que se repiten sin saber con exactitud qué significan en realidad.

HERMENÉUTICA BÍBLICA

NBLA	NVI	NTV
Saludo general **1.1 Remitentes** ¹Pablo, **prisionero** de Cristo Jesús, y el **hermano** Timoteo: **1.2 Destinatarios** A Filemón nuestro amado hermano y **colaborador**, ² y a la hermana Apia, y a Arquipo, nuestro **compañero de lucha**, y a la iglesia que está en tu casa: **1.3 Bendiciones generales** ³**Gracia** a ustedes **y paz** de parte de **Dios** nuestro **Padre** y del **Señor Jesucristo.** **Las virtudes de Filemón reconocidas en oración por Pablo** **2.1 Pablo agradece a Dios por la fe y el amor de Filemón hacia Dios y el prójimo** ⁴**Doy gracias a mi Dios siempre,** haciendo mención de ti en mis oraciones, ⁵ porque oigo de **tu amor y de la fe** que tienes hacia el Señor Jesús y hacia todos los santos.	¹Pablo, **prisionero** de Cristo Jesús, y el hermano Timoteo, a ti, querido Filemón, **compañero de trabajo,** ² a la hermana Apia, a Arquipo nuestro **compañero de lucha** y a la **iglesia que se reúne en tu casa:** ³Que **Dios** nuestro **Padre** y el **Señor Jesucristo** les concedan **gracia y paz.** ⁴**Siempre doy gracias a mi Dios** al recordarte en mis oraciones, ⁵ porque tengo noticias de tu **amor** por el Señor Jesús y de tu **fidelidad** hacia todos los creyentes.	¹Yo, Pablo, **prisionero** por predicar la Buena Noticia acerca de Cristo Jesús, junto con nuestro hermano Timoteo, les escribo esta carta a Filemón, nuestro amado **colaborador,** ² a nuestra hermana Apia, a Arquipo, nuestro **compañero en la lucha,** y a **la iglesia que se reúne en tu casa.** ³Que **Dios** nuestro **Padre** y el Señor Jesucristo les den **gracia y paz.** ⁴Filemón, **siempre le doy gracias a mi Dios** cuando oro por ti ⁵ porque sigo oyendo de **tu fe** en el Señor Jesús y de **tu amor** por todo el pueblo de Dios.

134

Ejercicio práctico de aplicación hermenéutica I

2.2 Petición por una transmisión eficaz de la fe de Filemón ⁶ Ruego que la comunión de tu fe llegue a ser eficaz por el conocimiento de **todo lo bueno** que hay en ustedes mediante Cristo.	⁶ Pido a Dios que el compañerismo que brota de tu fe sea **eficaz** para la causa de Cristo mediante el reconocimiento de **todo lo bueno** que compartimos.	⁶ Pido a Dios que pongas en práctica la generosidad que proviene de tu fe a medida que comprendes y vives **todo lo bueno** que tenemos en Cristo.
2.3 Pablo le reconfirma a Filemón que es de bendición para muchos ⁷ Pues he llegado a tener mucho gozo y consuelo en tu amor, porque los corazones de los santos han sido **confortados** por ti, hermano.	⁷ Hermano, tu amor me ha alegrado y animado mucho porque has **reconfortado** el corazón de los creyentes.	⁷ Hermano, tu amor me ha dado mucha alegría y consuelo, porque muchas veces tu bondad **reanimó** el corazón del pueblo de Dios.
Pablo presenta su petición a favor de Onésimo **3.1 Pablo no recurre a su autoridad, sino que hace un ruego basado en el amor y en su condición** ⁸ Por lo cual, aunque tengo mucha libertad en Cristo para **mandarte** hacer lo que conviene, ⁹ no obstante, **por causa del amor que te tengo, te hago un ruego**, siendo como soy, Pablo, **anciano**, y ahora también prisionero de Cristo Jesús:	⁸ Por eso, aunque en Cristo tengo la franqueza suficiente para **ordenarte** lo que debes hacer, ⁹ prefiero rogártelo en nombre del amor. Yo, Pablo, ya **anciano** y ahora, además, **prisionero** de Cristo Jesús,	⁸ Por esta razón me atrevo a pedirte un favor. Podría exigírtelo en el nombre de Cristo, **porque es correcto que lo hagas**; ⁹ **pero por amor, prefiero simplemente pedirte el favor**. Toma esto como una petición mía, de Pablo, un **hombre viejo** y ahora también **preso** por la causa de Cristo Jesús.

NBLA	NVI	NTV
3.2 Pablo presenta el pedido a favor de Onésimo ¹⁰ te **ruego** por mi **hijo** Onésimo,	¹⁰ te **suplico** por mi **hijo** Onésimo,	¹⁰ Te **suplico** que le <u>muestres</u> bondad a mi **hijo** Onésimo.
3.2.1 Origen de la relación con Pablo a quien he <u>engendrado en mis **prisiones**</u>;	quien <u>llegó a ser hijo mío mientras yo estaba **preso**.</u>	<u>Me convertí en su padre en la fe mientras yo estaba aquí, en la **cárcel**.</u>
3.2.2 Su nuevo estatus según Pablo: útil, valioso, siervo ¹¹ quien en otro tiempo te era **inútil**, pero ahora nos es **útil** a ti y a mí. ¹² Y te lo he **vuelto a enviar** en persona, es decir, <u>como si fuera mi propio corazón</u>. ¹³ Hubiera querido retenerlo conmigo, para que me sirviera en <u>lugar tuyo en mis prisiones por el evangelio.</u>	¹¹ En otro tiempo te era **inútil**, pero ahora nos es **útil** tanto a ti como a mí. ¹² Te lo **envío de vuelta** y <u>con él va mi propio corazón.</u> ¹³ Yo hubiera querido retenerlo para que me sirviera en tu <u>lugar mientras estoy preso por causa del evangelio.</u>	¹¹ Onésimo **no fue de mucha ayuda** para ti en el pasado, pero ahora nos es <u>muy **útil**</u> a los dos. ¹² Te lo **envío de vuelta**, y <u>con él va mi propio corazón</u>. ¹³ Quería retenerlo aquí conmigo mientras estoy en cadenas por predicar la Buena Noticia, y él me hubiera <u>ayudado de tu parte;</u>
3.2.3 La petición para que Filemón también cambie su opinión sobre Onésimo ¹⁴ Pero no quise hacer nada sin tu **consentimiento**, para que tu bondad no fuera como por **obligación**, sino por tu <u>propia voluntad</u>. ¹⁵ Porque quizá por esto se apartó de ti por algún tiempo, para que lo volvieras a **recibir para siempre**, ¹⁶ ya no como **esclavo**, sino como más que un esclavo, como un **hermano amado**, especialmente para mí, pero cuánto más para ti, **tanto en la carne como en el Señor.**	¹⁴ Sin embargo, no he querido hacer nada sin tu **consentimiento**, para que tu favor no sea por **obligación**, sino espontáneo. ¹⁵ Tal vez por eso Onésimo se alejó de ti por algún tiempo, para que ahora lo **recibas para siempre**, ¹⁶ ya no como a **esclavo**, sino como algo mejor: como a un **hermano querido**, muy especial para mí, pero mucho más para ti, **como persona y como hermano en el Señor.**	¹⁴ pero no quise hacer nada sin tu **consentimiento**. Preferí que ayudaras de buena gana y no por **obligación**. ¹⁵ Parece que perdiste a Onésimo por un corto tiempo para que ahora pudieras **tenerlo de regreso para siempre**. ¹⁶ Él ya no es como un **esclavo** para ti. Es más que un esclavo, es un **hermano amado**, especialmente para mí. Ahora será de más valor para ti, **como persona y como hermano en el Señor.**

Ejercicio práctico de aplicación hermenéutica I

3.2.4 Pablo realiza diferentes apelaciones para ganar el favor de Filemón		
3.2.4.1 Que Filemón acepte a Onésimo como lo aceptaría a él ¹⁷ **Si me tienes, pues, por compañero,** acéptalo como me aceptarías a mí.	¹⁷ De modo que, si me tienes por **compañero, recíbelo como a mí mismo.**	¹⁷ Así que, **si me consideras tu compañero,** recíbelo a él **como me recibirías a mí.**
3.2.4.2 Se ofrece a pagar cualquier deuda o perjuicio que Onésimo haya dejado pendiente ¹⁸ Y si te ha **perjudicado** en alguna forma, o te **debe** algo, **cárgalo a mi cuenta.** ¹⁹ Yo, Pablo, escribo esto con mi propia mano. Yo lo **pagaré** (por no decirte que aun **tú mismo te me debes a mí**). ²⁰ Sí, hermano, permíteme disfrutar este **beneficio** de ti en el Señor. **Recrea** mi corazón en Cristo.	¹⁸ Si te ha **perjudicado** o te **debe** algo, **cárgalo a mi cuenta.** ¹⁹ Yo, Pablo, lo escribo de mi puño y letra: te lo **pagaré**; por no decirte que **tú mismo me debes lo que eres.** ²⁰ Sí, hermano, ¡que reciba yo de ti algún **beneficio** en el Señor! **Reconforta** mi corazón en Cristo.	¹⁸ Si te **perjudicó** de alguna manera o te debe algo, **cóbramelo a mí.** ¹⁹ Yo, Pablo, escribo esto con mi propia mano: «Yo te lo **pagaré**». ¡Y no mencionaré que **tú me debes tu propia alma!** ²⁰ Sí, mi hermano, te ruego que me hagas este **favor por amor al Señor.** Dame ese **ánimo** en Cristo.
3.2.4.3 Declara su confianza en una respuesta positiva de Filemón ²¹ Te escribo **confiado en tu obediencia,** sabiendo que harás aún más de lo que digo.	²¹ Te escribo **confiado en tu obediencia,** seguro de que harás aún más de lo que te pido.	²¹ Mientras escribo esta carta **estoy seguro de que harás lo que te pido,** ¡y aún más!

137

NBLA	NVI	NTV
3.2.4.4 Promete una visita en el futuro ²²Y al mismo tiempo, prepárame también **alojamiento**, pues espero que por las oraciones de ustedes les seré concedido.	²²Además de eso, prepárame **alojamiento** porque espero que Dios les conceda el tenerme otra vez con ustedes en respuesta a sus oraciones.	²²Otra cosa: por favor, prepárame **un cuarto de huéspedes**, porque espero que Dios responda a las oraciones de ustedes y que me permita volver a visitarlos pronto.
Palabras finales y despedida		
4.1 Saludos de diferentes hermanos ²³Te saluda Epafras, mi **compañero de prisión** en Cristo Jesús; ²⁴también Marcos, Aristarco, Demas y Lucas, mis **colaboradores**.	²³Te mandan saludos Epafras, mi **compañero de cárcel** en Cristo Jesús, ²⁴y también Marcos, Aristarco, Demas y Lucas, mis **compañeros de trabajo**.	²³Epafras, mi **compañero de prisión** en Cristo Jesús, les manda saludos. ²⁴También los saludan Marcos, Aristarco, Demas y Lucas, mis **colaboradores**.
4.2 Bendición final ²⁵La **gracia del Señor Jesucristo** sea con el espíritu de ustedes.	²⁵Que la **gracia del Señor Jesucristo** sea con su espíritu.	²⁵Que la **gracia del Señor Jesucristo** sea con el espíritu de cada uno de ustedes.

Ejercicio práctico de aplicación hermenéutica I

La comparación de versiones nos ayuda en la exploración inicial de esas frases o palabras que pueden ser oscuras o confusas para que podamos desentrañar su significado. Podemos dar gracias a Dios por la tecnología, porque hace tan solo unos pocos años se tenía que contar con las diferentes versiones en físico para poder hacer el trabajo, mientras que ahora en internet uno puede tener al alcance y puede revisar sin dificultad todas las versiones disponibles.

Sería bueno resaltar algunos descubrimientos de mi ejercicio anterior de lectura comparada. En primer lugar, en la NBLA nos encontramos con la frase: «La comunión de tu fe» (v. 6), que no es fácil de entender en su significado preciso y menos en términos prácticos. Las traducciones de las otras dos versiones nos ayudan al entregarnos un significado más digerible: «El compañerismo que brota de tu fe» (NVI) y «la generosidad que proviene de tu fe» (NTV). Si revisáramos otras versiones adicionales, nos encontraríamos también con «la participación de tu fe» (RVR60), «la comunicación de tu fe» (RVA) o «esa fe tuya, compartida con nosotros» (BLP). Podría concluirse que la oración de Pablo apunta a que *la fe de Filemón sea comunicada eficazmente a otros*, es decir, que *otros puedan participar de los beneficios de sus creencias*. ¡Un buen punto de partida!

En segundo lugar, nos encontramos con otra frase que es difícil de descifrar: «Tengo mucha libertad en Cristo» (v. 8), que también se traduce como «tengo franqueza suficiente» (NVI) o «podría exigírtelo» (NTV). Podría parecer que Pablo está abusando un poco de la confianza que le tenía a Filemón; sin embargo, las otras traducciones nos permiten ver que no solo es que Pablo se toma la libertad de pedirle a Filemón lo que quiera, sino que es *absolutamente sincero en su petición*. También es importante considerar, por el contexto, que esa libertad que Pablo se concede para hacer su petición es «en Cristo», es decir, que *no apela a su autoridad ni el pedido es arbitrario, sino que se basa en la libertad que Cristo nos entrega y permanece bajo su autoridad*.

En tercer lugar, Pablo dice «a quien he engendrado» (v. 10b). ¿Qué quiso decir con eso? Las otras versiones dicen: «Quien llegó a ser hijo mío» (NVI) y «me convertí en su padre» (NTV). Es evidente que la palabra "engendrado" no está siendo usada en el sentido literal, sino figurado. Pablo no procrea a Onésimo, sino que es *su padre en el sentido espiritual*. Pablo le presentó el evangelio y Onésimo fue convertido por el Señor y vino a ser una nueva criatura.

Estos son solo tres ejemplos de lo que tú también puedes descubrir al revisar diferentes versiones que te puedan dar luz para entender el texto bíblico de forma preliminar sin mayores ayudas externas y bajo la guía del Espíritu Santo. Este proceso de excavación hermenéutica arqueológica va dando frutos y va poniendo en evidencia lo que el Señor quiere mostrarnos con esta epístola.

Evaluación de los descubrimientos en certezas y dificultades

Ahora te tocará establecer tus certezas y también tomar nota de las dificultades en tu entendimiento del texto. Muchas veces tenemos bien claro lo que podemos comprender en el texto, pero dejamos sin atender aquellas palabras, frases o versículos que consideramos difíciles o cuya comprensión requiere de mayor tiempo y esfuerzo. Es importante reconocer que tanto las certezas como las dificultades deben ser estudiadas y verificadas; las primeras para corroborar nuestra comprensión y las segundas para disipar las dudas y así poder comprender a cabalidad lo que dice el texto.

> Vuelve ahora a leer todo el texto de la epístola a Filemón y escribe en la columna de certezas todo lo que entiendes sin problemas en el texto, y en la columna de dificultades, todo aquello que te cuesta entender, no comprendes en absoluto o necesitas profundizar más para un mejor entendimiento. Esta plantilla servirá de base para poder ir empezando a cavar en el texto a mayor profundidad para extraer todos sus tesoros.

Como podrás notar en el ejemplo (y de seguro también por tu propio trabajo en la elaboración de las certezas y las dificultades), este ejercicio evaluativo permite separar con claridad aquello que podemos decir que entendemos de aquello que requiere mayor investigación para poder comprenderlo a cabalidad.

Hasta este momento hemos escudriñado, es decir, examinado cuidadosamente, el texto tal como los arqueólogos realizan su labor y van desenterrando y excavando a fin de ir mostrando los contornos de aquello que estaba escondido a los ojos.

Ahora tenemos una idea más o menos clara de la carta que el apóstol Pablo le envió a su discípulo Filemón para interceder por el perdón para con Onésimo, un esclavo que se convirtió al cristianismo por la

Ejercicio práctico de aplicación hermenéutica I

Texto	Certezas	Dificultades
1. Saludo general		
1.1 Remitentes ¹ Pablo, prisionero de Cristo Jesús, y el hermano Timoteo:	Pablo es ampliamente conocido, primero como enemigo de la fe y luego por su conversión y posterior apostolado y labor misionera. Timoteo es su discípulo más cercano desde que lo conoció en Listra.	
1.2 Destinatarios A Filemón nuestro amado hermano y colaborador, ² y a la hermana Apia, y a Arquipo, nuestro compañero de lucha, y a la iglesia que está en tu casa:		No tengo mayores datos de Filemón, Apia o Arquipo. No conozco antecedentes de ellos ni tampoco sé dónde estaban ubicados.
1.3 Bendiciones generales ³ Gracia a ustedes y paz de parte de Dios nuestro Padre y del Señor Jesucristo.	Esta frase es muy común en las introducciones de las cartas.	Quisiera tener mayor claridad no solo sobre los términos "gracia" y "paz", sino sobre el significado de ambos términos como frase.
2. Las virtudes de Filemón reconocidas en oración por Pablo		
2.1 Pablo agradece a Dios por la fe y el amor de Filemón hacia Dios y el prójimo ⁴ Doy gracias a mi Dios siempre, haciendo mención de ti en mis oraciones, ⁵ porque oigo de tu amor y de la fe que tienes hacia el Señor Jesús y hacia todos los santos.	La oración no solo es adoración y petición, sino que el apóstol Pablo siempre menciona que la utiliza como medio para expresar gratitud a Dios por personas o situaciones. El amor y la fe son dos componentes esenciales en la relación con Dios.	¿El amor y la fe son también elementos esenciales para la relación con los hermanos?

141

Texto	Certezas	Dificultades
2.2 Petición por una transmisión eficaz de la fe de Filemón ⁶ Ruego que la comunión de tu fe llegue a ser eficaz por el conocimiento de todo lo bueno que hay en ustedes mediante Cristo.	Esta es una frase que las diferentes versiones me ayudaron a entender como "comunicación". Absolutamente todo lo bueno para nosotros es a través de Cristo.	¿A qué eficacia se refiere Pablo? ¿Será la aplicación de ese conocimiento a la vida? ¿Cuál es la relación con la definición de sabiduría?
2.3 Pablo le reconfirma a Filemón que es de bendición para muchos ⁷ Pues he llegado a tener mucho gozo y consuelo en tu amor, porque los corazones de los santos han sido confortados por ti, hermano.	Pablo destaca una vez más el amor (v. 5) como un elemento fundamental en el carácter de Filemón que sirve para bendecir a los demás.	Me sorprende la preponderancia del amor como característica destacada por Pablo en Filemón. ¿Qué implica para mí? ¿Cómo entenderlo a la luz de un mayor entendimiento de esta palabra en el Nuevo Testamento?
3. Pablo presenta su petición a favor de Onésimo **3.1 Pablo no recurre a su autoridad, sino que hace un ruego basado en el amor y en su condición** ⁸ Por lo cual, aunque tengo mucha libertad en Cristo para mandarte hacer lo que conviene, ⁹ no obstante, por causa del amor que te tengo, te hago un ruego, siendo como soy, Pablo, anciano, y ahora también prisionero de Cristo Jesús:	Este pasaje me enseña la forma correcta en que se ejerce la autoridad en el cristianismo. No se trata de una autoridad basada en la fuerza, sino en una relación de amor, personal y reconocida en el Señor.	¿En qué consiste la libertad en Cristo? ¿Qué tipo de autoridad ejerce Pablo para mandar a Filemón hacer algo? ¿Es Pablo anciano en edad o en referencia a su autoridad pastoral?

Ejercicio práctico de aplicación hermenéutica I

3.2 Pablo presenta el pedido a favor de Onésimo ¹⁰ te ruego por mi hijo Onésimo,	Pablo reconoce a Onésimo como hijo, es decir, una persona que había sido convertida bajo su predicación mientras estaba preso por causa del evangelio.	Desconozco el contexto de esclavitud durante el Imperio romano. ¿Qué significaba que Filemón, siendo cristiano, tuviera esclavos?
3.2.1 Origen de la relación con Pablo a quien he engendrado en mis prisiones;		
3.2.2 Su nuevo estatus según Pablo: útil, valioso, siervo ¹¹ quien en otro tiempo te era inútil, pero ahora nos es útil a ti y a mí. ¹² Y te lo he vuelto a enviar en persona, es decir, como si fuera mi propio corazón. ¹³ Hubiera querido retenerlo conmigo, para que me sirviera en lugar tuyo en mis prisiones por el evangelio.	Pablo reconoce el enorme valor que tiene Onésimo para él. No solo se trata de un valor como consecuencia de que es un buen siervo del Señor, sino que hay un vínculo afectivo muy fuerte entre Pablo y Onésimo. Pablo se identifica completamente con Onésimo al decirle a Filemón que lo reciba como si fuera su propio corazón.	¿Qué significa que Pablo devuelva a Onésimo a Filemón en términos personales y legales? ¿De alguna manera la vida de Onésimo podría estar en riesgo al volver donde Filemón?
3.2.3 La petición para que Filemón también cambie su opinión sobre Onésimo ¹⁴ Pero no quise hacer nada sin tu consentimiento, para que tu bondad no fuera como por obligación, sino por tu propia voluntad. ¹⁵ Porque quizá por esto se apartó de ti por algún tiempo, para que lo volvieras a recibir para siempre, ¹⁶ ya no como esclavo, sino como más que un esclavo, como un hermano amado, especialmente para mí, pero cuánto más para ti, tanto en la carne como en el Señor.	La manifestación de la bondad nunca puede nacer de la presión o la fuerza, sino que tiene que surgir de una voluntad que actúa con libertad y consentimiento. Las barreras sociales y hasta legales se rompen en Cristo. Es una tremenda declaración pensar que Onésimo, el esclavo que se había fugado, podría ahora ser considerado como un hermano.	¿Qué significa que Pablo le diga a Filemón que reciba a Onésimo como un hermano en «la carne» y «en el Señor»?

Texto	Certezas	Dificultades
3.2.4 Pablo realiza diferentes apelaciones para ganar el favor de Filemón		
3.2.4.1 Que Filemón acepte a Onésimo como lo aceptaría a él ¹⁷ Si me tienes, pues, por compañero, acéptalo como me aceptarías a mí.	Nuevamente Pablo resalta el vínculo personal y relacional por sobre cualquier autoridad jerárquica o institucional.	Pablo ha estado vinculando su pedido con la palabra "hermano" y ahora usa la palabra "compañero".
3.2.4.2 Se ofrece a pagar cualquier deuda o perjuicio que Onésimo haya dejado pendiente ¹⁸ Y si te ha perjudicado en alguna forma, o te debe algo, cárgalo a mi cuenta. ¹⁹ Yo, Pablo, escribo esto con mi propia mano. Yo lo pagaré (por no decirte que aun tú mismo te me debes a mí). ²⁰ Sí, hermano, permíteme disfrutar este beneficio de ti en el Señor. Recrea mi corazón en Cristo.	Filemón está en deuda con Pablo por su vida espiritual. Pablo se involucra por completo con la vida nueva de Onésimo y Filemón.	¿Qué tipo de perjuicio podría haberle causado Onésimo a Filemón? ¿A qué tipo de pago se refiere? ¿Es algo simbólico o realmente hay una deuda pendiente? ¿Qué implica que lo escriba con su propia mano?
3.2.4.3 Declara su confianza en una respuesta positiva de Filemón ²¹ Te escribo confiado en tu obediencia, sabiendo que harás aún más de lo que digo.	Observo en Pablo un "espaldarazo" a Filemón al mostrar una confianza abierta en la obediencia de su discípulo.	¿Se puede confiar en la obediencia fiel de otro cristiano? ¿Cómo poder llegar a adquirir esa confianza?

EJERCICIO PRÁCTICO DE APLICACIÓN HERMENÉUTICA I

3.2.4.4 Promete una visita en el futuro ²² Y al mismo tiempo, prepárame también alojamiento, pues espero que por las oraciones de ustedes les seré concedido.	Es interesante que Pablo puede planear un viaje en el futuro, pero se reconoce como un siervo dependiente del Señor y confía en que solo se dará si es por voluntad de Dios.	¿Cómo puedo planear actividades en el futuro y considerar al mismo tiempo la voluntad de Dios?
4. Palabras finales y despedida		
4.1 Saludos de diferentes hermanos ²³ Te saluda Epafras, mi compañero de prisión en Cristo Jesús; ²⁴ también Marcos, Aristarco, Demas y Lucas, mis colaboradores.	Conozco a Marcos, Demas y Lucas porque aparecen en el resto del Nuevo Testamento. Marcos pudo sobreponerse a su mal comienzo ministerial, mientras que Demas era considerado "colaborador" del mismísimo Pablo, pero abandonó la carrera y dejó solo a Pablo poco después de esta carta.	¿Quiénes son Epafras y Aristarco? ¿Ser compañero de prisión significa que también era prisionero? ¿Qué significa para Pablo ser su "colaborador"?
4.2 Bendición final ²⁵ La gracia del Señor Jesucristo sea con el espíritu de ustedes.		La gracia con el espíritu es algo nuevo para mí. ¿Qué significa exactamente?

predicación del apóstol y que ahora devuelve a su antiguo amo para que lo reciba de vuelta. Sin embargo, Pablo espera que Filemón no lo reciba de vuelta como esclavo a quien se le perdona su insurrección, sino como un hermano en Cristo y un compañero de ministerio. Pablo demuestra que ama a ambos hombres y por eso se atreve a enviar a Onésimo de vuelta, porque confía en la obediencia de Filemón a su pedido y, por qué no decirlo, también confía en que Onésimo está volviendo como cristiano y se portará a la altura de su fe.

Te invito a que ahora, sin mirar el texto anterior y tampoco la carta a Filemón, escribas en el siguiente recuadro y con tus propias palabras un resumen de la carta.

Quisiera invitarte ahora a que enumeres a continuación cinco enseñanzas directas y prácticas que la carta te enseña luego del trabajo realizado. Te daré las mías y tú podrás escribir al lado las tuyas.

Mis cinco enseñanzas prácticas directas	*Tus* cinco enseñanzas prácticas directas
1. La oración no solo es petición, sino también una demostración de gratitud al Señor por las personas o las circunstancias que encontramos en nuestras vidas (vv. 4, 5).	1.
2. Debo buscar comunicar de una forma eficaz mi fe al compartir con mis hermanos todo lo bueno que hemos recibido en Cristo (v. 6).	2.
3. Un discípulo debe manifestar amor a Dios y al prójimo. Ese amor debe ser visible, práctico y evidente en todos los cristianos (vv. 5-7).	3.

EJERCICIO PRÁCTICO DE APLICACIÓN HERMENÉUTICA I

Mis cinco enseñanzas prácticas directas	*Tus* cinco enseñanzas prácticas directas
4. Ni la fuerza ni la autoridad superan a un pedido nacido de una relación personal, cordial y sincera que no genera una respuesta por obligación, sino que es voluntaria (vv. 8-14).	4.
5. Todos los que venimos a Cristo dejamos atrás las divisiones sociales, económicas y de cualquier otra índole. Somos hermanos, compañeros y colaboradores en Cristo (vv. 15-19).	5.

Con este ejercicio termina esta primera parte de nuestra excavación arqueológica hermenéutica, en la que hemos trabajado individualmente para familiarizarnos con el texto que estamos estudiando y hemos buscado entenderlo en líneas generales y, como hemos visto, ya somos capaces de encontrarle algunas aplicaciones que se derivan de nuestro estudio inicial.

CAPÍTULO DOCE
Ejercicio práctico de aplicación hermenéutica II: La labor corporativa

Invitando a los especialistas

Empezamos nuestro trabajo de arqueología hermenéutica completamente solos y ha sido muy bueno adentrarnos en el texto de manera personal, sin muletas y solo con la guía del Espíritu Santo, nuestra inteligencia y, claro, el deseo profundo de escuchar la voz del Señor con claridad y obedecerla a cabalidad. No podemos olvidar lo que dijo David hace varios milenios; todavía resuena en el alma de todo creyente que anhela caminar con el Señor:

> Maravillosos son tus testimonios,
> por lo que los guarda mi alma.
> La exposición de tus palabras imparte luz;
> da entendimiento a los sencillos. (Sal 119:129, 130)

Ha llegado el momento de convocar a los especialistas para que nos ayuden con las dudas y nos puedan dar una visión más amplia, completa e informada de esta hermosa carta con la que ya estamos bastante familiarizados.

Es importante recalcar que empezar con este trabajo solitario y personal de excavación hermenéutica que acabamos de concluir en el capítulo anterior es fundamental. La gran mayoría tiende empezar escuchando desde el inicio a los especialistas y recibiendo de ellos sus puntos de vista. Ese desorden genera dos inmensos problemas. En primer lugar, los músculos hermenéuticos intelectuales se vuelven flácidos por falta de ejercicio personal. Las respuestas precocidas instantáneas generan una dependencia malsana a los especialistas que nos paraliza y no nos deja progresar por nosotros mismos. Al final, quedamos desnutridos y hasta desalentados espiritualmente. En segundo lugar, esas buenas contribuciones de los especialistas pueden llegar a "secuestrar" a las personas con poco o nulo conocimiento del tema, el libro o la carta que están tratando. Sin una visión básica y personal no habrá fundamentos personales establecidos, y así uno podría ser llevado en la dirección que el especialista proponga sin que haya mucho que decir, objetar o proponer. Simplemente uno es usuario y acepta sin mayores dilemas todo lo que se le propone.

No quisiera que haya malentendidos. Los especialistas son necesarios y son provisión de Dios para mejorar nuestro entendimiento de las Escrituras. La lectura y la interpretación de las Escrituras requieren de determinación y trabajo personal, pero no acaban con lo que alguien en solitario pueda llegar a comprender del texto bíblico. Encontramos al sacerdote Esdras en el Antiguo Testamento dándonos una lección de lo que significa aprender y vivir conjuntamente los mandamientos de Dios:

> Entonces el sacerdote Esdras trajo la ley delante de la asamblea de hombres y mujeres y de todos los que podían entender lo que oían. [...] Esdras abrió el libro a la vista de todo el pueblo, pues él estaba a la vista de todo el pueblo. [...] También Jesús, Bani, Serebías, Jamín, Acub, Sabetai, Hodías, Maasías, Kelita, Azarías, Jozabed, Hanán, Pelaías y los levitas explicaban al pueblo mientras el pueblo permanecía en su lugar. Y leyeron en el libro de la ley de Dios, interpretándolo y dándole el sentido para que entendieran la lectura. (Neh 8:2, 5a, 7, 8)

Quisiera destacar que el pueblo podía oír y entender. La disposición y la capacidad personal son el punto de partida de cualquier estudio de la Palabra de Dios. En segundo lugar, encontramos la provisión de maestros doctos como Esdras y todo ese ejército de siervos que daban respuestas a las preguntas de la gente en medio de la lectura y explicaban mejor el sentido de las Escrituras. Ese entendimiento renovado producto de la disposición, la lectura y la explicación de los especialistas produjo arrepentimiento, obediencia y la renovación del compromiso con el Señor.

Ejercicio práctico de aplicación hermenéutica II

Nuestro Señor Jesucristo también fue paciente y estuvo atento y dispuesto a responder las dudas de sus discípulos, que pidieron explicaciones de sus enseñanzas en más de una oportunidad. No podemos olvidar cómo el Señor resucitado se acercó a dos discípulos, cuyos nombres desconocemos, que estaban de camino a Emaús mientras discutían los sucesos de esos días trágicos a la luz de las Escrituras y las esperanzas mesiánicas. Es evidente que ellos ya estaban en una discusión apasionada tratando de darle sentido y significado a todo lo que habían visto, y por eso le dijeron a Jesús: «Pero nosotros esperábamos que él era el que iba a redimir a Israel» (Lc 24:21). Estos dos discípulos tenían convicciones, pero también estaban llenos de dudas porque todo era muy confuso. Jesús interviene, los exhorta y les enseña:

> Entonces Jesús les dijo: «¡Oh insensatos y tardos de corazón para creer todo lo que los profetas han dicho! ¿No era necesario que el Cristo padeciera todas estas cosas y entrara en su gloria?». Comenzando por Moisés y continuando con todos los profetas, les explicó lo referente a él en todas las Escrituras. (Lc 24:25-27)

Lo más hermoso es que el resultado de estas enseñanzas hizo que esos discípulos dijeran lo siguiente luego de la partida de Jesús: «¿No ardía nuestro corazón dentro de nosotros mientras nos hablaba en el camino, cuando nos abría las Escrituras?» (Lc 24:32). Ellos encontraron a Jesús cuando tenían un corazón enfriado por la confusión y las dudas. Jesús les explicó en profundidad las Escrituras y sus corazones ardieron nuevamente.

Los miembros de la iglesia primitiva se caracterizaban por su dedicación continua a las enseñanzas de los apóstoles (Hch 2:42). Un ejemplo notable de un especialista enviado por el mismísimo Espíritu Santo para asistir a un creyente que había empezado su lectura bíblica con dedicación es el de Felipe y el etíope. Es evidente el orden de la escena: empieza con la búsqueda personal y luego llega el auxilio del especialista:

> Cuando Felipe se acercó corriendo, le oyó leer al profeta Isaías, y le preguntó: «¿Entiende usted lo que lee?». El eunuco le respondió: «¿Cómo podré, a menos que alguien me guíe?». E invitó a Felipe a que subiera y se sentara con él. […] El eunuco le dijo a Felipe: «Le ruego que me diga, ¿de quién dice esto el profeta? ¿De sí mismo o

de algún otro?». Entonces Felipe, comenzando con este pasaje de la Escritura, le anunció el evangelio de Dios. (Hch 8:30, 31, 34, 35)

El orden es fundamental y se hace notar una vez más. El eunuco ya estaba leyendo las Escrituras, es posible que algo entendiera y que también tuviera muchas preguntas (certezas y dificultades). Felipe se acerca bajo la dirección del Espíritu Santo, pero es este creyente etíope el que toma la iniciativa, muestra su necesidad y busca que Felipe le presente más claramente el significado del texto que ya estaba leyendo. Felipe asiente y lo guía, como buen especialista, empezando por el pasaje de Isaías, que este hombre ya estaba leyendo, para anunciarle el evangelio.

Los especialistas principales: los ministros en la iglesia

He querido presentar esta larga introducción para hacer notar la necesidad de una labor hermenéutica comunitaria. Reitero nuevamente que hay una responsabilidad personal que requiere de un trabajo individual y solitario de nuestra parte, a solas con Dios, usando nuestras habilidades e inteligencia y bajo la guía del Espíritu Santo, el maestro por excelencia. Pero no estamos llamados a quedarnos aislados en nuestra lectura e interpretación de las Escrituras. Recordemos la exhortación de Pedro: «Pero ante todo sepan esto, que ninguna profecía de la Escritura es asunto de interpretación personal» (2 Pd 1:20).

También somos un cuerpo que tiene como una de sus prioridades el discipulado, que involucra, conforme al mandato de Jesús, que los hermanos mayores enseñen a los menores «a guardar todo lo que yo les he mandado» (Mt 28:20a). La iglesia también está organizada de tal manera que una de sus principales funciones es la instrucción de los creyentes. El apóstol Pablo lo detalla de la siguiente manera:

> Y él dio a algunos el ser apóstoles, a otros profetas, a otros evangelistas, a otros pastores y maestros, a fin de capacitar a los santos para la obra del ministerio, para la edificación del cuerpo de Cristo; hasta que todos lleguemos a la unidad de la fe y del pleno conocimiento del Hijo de Dios, a la condición de un hombre maduro, a la medida de la estatura de la plenitud de Cristo.
>
> Entonces ya no seremos niños, sacudidos por las olas y llevados por todo viento de doctrina, por la astucia de los hombres, por las artimañas engañosas del error. Mas bien, al hablar la verdad en

amor, creceremos en todos los aspectos en aquel que es la cabeza, es decir, Cristo. (Ef 4:11-15)

Siempre me sorprenderá y guiará este pasaje porque pone en evidencia la labor esencial de la iglesia de todos los tiempos. Los cristianos están llamados a capacitarse y edificarse en el cuerpo a través de los ministros que se encargan de que todos, sin distinción, lleguemos a tener una fe unánime, un conocimiento pleno del hijo de Dios y estemos capacitados para servirlo con eficiencia. Para eso contamos, por ejemplo, con los sermones dominicales, la escuela dominical o academia bíblica, los ministerios que atienden necesidades particulares, la consejería y la comunión fraterna de los hermanos que se reúnen voluntariamente para animarse, exhortarse y crecer juntos en el conocimiento de la Palabra de Dios.

El primer punto de colaboración y referencia para responder nuestras dudas hermenéuticas está en nuestra iglesia local. Tenemos a pastores, maestros y líderes para que respondan a nuestras dudas, confirmen nuestras certezas y nos ayuden a aplicar bien las verdades que vamos aprendiendo en privado y juntos. La labor hermenéutica no es solo intelectual o filosófica, sino que el gran resultado es poder vivir una vida «a la estatura de la plenitud de Cristo» que le sea útil al Señor y que Dios reciba la gloria en todo lo que haga.

Los especialistas informados: los libros

El cristianismo tiene una enorme tradición literaria que ha sido preservada por siglos de una manera cuidadosa y meticulosa. Sin lugar a dudas podemos decir que los cristianos somos grandes amigos de los libros. No podemos olvidar que la Reforma tuvo su más grande canal de difusión a través de la producción masiva de literatura facilitada por Gutenberg y el invento de la imprenta con los tipos móviles. La Biblia sigue siendo el libro más publicado de todos los tiempos.

Damos gracias a Dios por la enorme cantidad de literatura de consulta disponible con la que podemos contar en nuestra labor hermenéutica. Cada uno de esos recursos puede ayudarnos a despejar nuestras dudas y dar mayor solidez a nuestras certezas y convicciones. Sin embargo, es importante reconocer que no todas las palabras impresas y condensadas en un libro garantizan que cuentan con información confiable. Debemos ser cuidadosos en la selección de los libros de nuestra biblioteca personal, y para eso debemos buscar consejo y preguntar por libros y recursos confiables a personas que compartan nuestra fe y gocen de nuestro respeto.

Volvamos entonces a nuestro trabajo de arqueología hermenéutica. Ahora necesitamos conocer los aspectos introductorios de la carta de Pablo a Filemón que no podemos encontrar directamente en el texto bíblico. Necesitamos, por ejemplo, conocer la posible datación de la carta, el lugar de escritura, la localidad de los destinatarios y cosas por el estilo. Para lograrlo recurriremos a dos recursos tradicionales y muy efectivos: diccionarios y Biblias de estudio.

Utilizaremos tres recursos populares que nos ayudarán a recolectar datos específicos de la carta a Filemón que nos permitirán determinar con mayor claridad su contexto:

Diccionario Bíblico Ilustrado Holman[105]	*Biblia de Estudio MacArthur*[106]	*Biblia Cronológica de Estudio*[107]
Filemón significa "cariñoso".	Filemón era un miembro de la iglesia en Colosas.	Pablo pudo estar encarcelado en Roma.
Filemón se convirtió durante el ministerio de Pablo en Éfeso.	Epístola escrita desde la prisión, junto con Efesios, Filipenses y Colosenses.	Es probable que Filemón viviera en el valle de Lycos, ubicación de Colosas y Laodicea.
Filemón vivía en Colosas.	Fechada entre 60–62 d. C.	Escrita alrededor del 62 d. C.
Es la única carta paulina de naturaleza privada.	Onésimo significa "útil". Él debió de haber huido a Roma porque allí podía esconderse entre la multitud. Allí conoció a Pablo.	
Escrita en el 61 d. C.		Los esclavos eran considerados como propiedad de sus amos. Onésimo pudo ser un esclavo dedicado a las tareas domésticas.
Filemón tenía el derecho judicial de castigar y hasta matar a Onésimo.		
	Onésimo había huido y había quebrantado la ley romana. Pablo decidió enfrentar ese tema y lo envió de vuelta a Filemón.	

---

[105] Calçada Leticia (Ed.), 2017.
[106] MacArthur, 2021.
[107] Carrión (Ed.), 2023.

Ejercicio práctico de aplicación hermenéutica II

Diccionario Bíblico Ilustrado Holman[105]	Biblia de Estudio MacArthur[106]	Biblia Cronológica de Estudio[107]
	Los esclavos eran un tercio (quizás más) de la población. No solo realizaban trabajos manuales, sino que podían ser médicos, músicos, maestros, artistas o contadores. Los amos podían disponer de ellos como quisieran, venderlos o castigarlos. Sin embargo, por su utilidad, muchos eran tratados con indulgencia. Un esclavo también podía comprar su libertad. El N. T. enfatiza la igualdad espiritual entre amo y esclavo (v. 16; Gl 3:28; Ef 6:9; Col 4:1; 1 Tm 6:1, 2).	La carta de Filemón es vista como una "carta de recomendación", en la que una persona de mayor estatus pide un favor a una de menor rango. Existen otras cartas seculares de la época en donde piden clemencia al amo ante las faltas de un esclavo.

Revisar esas tres referencias básicas nos permite tener una visión contextual más clara de la carta, su posible fecha de escritura, la localización de los remitentes y los destinatarios, y las condiciones generales del tema básico tratado en la correspondencia. Ahora quisiera que puedas resumir en tus propias palabras toda esa información en el siguiente recuadro:

Mi propia introducción general a la carta a Filemón

Hermenéutica bíblica

Pasamos ahora a usar el segundo tipo de especialistas literarios que nos ayudarán a desentrañar las verdades de la carta con una mayor profundidad y precisión. Los comentarios bíblicos son una gran ayuda para lograr una correcta interpretación del texto bíblico que estemos estudiando, pero no todos son iguales. Cada tipo de comentario tiene su propio valor, y puede ser útil elegir el que mejor se adapte a nuestras necesidades y objetivos de estudio bíblico. Veamos a continuación los diferentes comentarios y cuáles son sus características generales:

- *Comentarios exegéticos:* se centran en el análisis detallado a través de estudios gramaticales de los textos bíblicos para encontrar su significado original.
- *Comentarios teológicos:* abordan la teología y los temas doctrinales presentes en los textos bíblicos, analizando su relación con las creencias cristianas.
- *Comentarios devocionales:* están diseñados para la edificación personal y la búsqueda de aplicaciones prácticas a través de reflexiones y enseñanzas aplicables a la vida cotidiana.
- *Comentarios histórico-críticos:* se enfocan en el contexto histórico y literario de los textos para analizar temas como la autoría, la datación y la integridad textual.
- *Comentarios contextuales:* se centran en el contexto cultural y social de los textos bíblicos para ayudar a los lectores a comprender mejor las características particulares del entorno en el que se escribieron.

Pasaremos ahora a revisar algunos comentarios y también otros libros especializados que nos ayudarán a responder, por límites de espacio para este libro, solo algunas de las preguntas que nos hicimos al leer la carta y encontrar nuestras certezas y dificultades.

> No tengo mayores datos de Filemón, Apia o Arquipo. No conozco antecedentes de ellos ni tampoco sé dónde estaban ubicados.

El estudio que hicimos para nuestra propia introducción nos proporcionó los datos generales sobre Filemón, quien al parecer fue convertido por Dios a través del ministerio de Pablo en Éfeso, vivía en Colosas, tenía una posición acomodada (al tener, al menos, un esclavo) y gozaba de madurez y un buen testimonio cristiano.

William Hendriksen nos dice con respecto a los otros personajes:

> Parece razonable inferir que Filemón, a quien, con las excepciones mencionadas, se dirige usando el singular a lo largo de la carta, es la cabeza de la familia y que Apia y Arquipo son miembros de su familia. Apia bien podría haber sido la esposa de Filemón, y Arquipo su hijo. [...] Apia es llamada «nuestra hermana». Esto no en el sentido físico o literal, [...] sino como perteneciendo a la familia de la fe. [...] Arquipo es llamado «nuestro compañero de milicia», título que en el Nuevo Testamento se da solo a otra persona, a saber, a Epafrodito (Flp 2:25). En relación con este mismo Arquipo, Pablo ha dado un enérgico mandamiento (Col 4:17).[108]

Entonces, podríamos concluir diciendo que es muy probable que Filemón y Apia sean esposos y que Arquipo pudiera ser uno de sus hijos. Por las otras referencias con respecto a Arquipo se podría concluir que él era el pastor de la iglesia que estaba en la casa de Filemón.

> Quisiera tener mayor claridad no solo sobre los términos "gracia" y "paz", sino sobre el significado de ambos términos como frase.

Veamos lo que nos dice el *Comentario Bíblico Beacon* con respecto a estos términos:

> La salutación paulina: *Gracia y paz* probablemente está tomada más de la experiencia cristiana que de las influencias griegas o la mezcla de las salutaciones de Oriente y Occidente. Emplea palabras y frases griegas, pero las llena de significado cristiano. Estas palabras parecen estar relacionadas como causa y efecto. La gracia de Dios trae paz. Y hoy, en el mundo, la paz no será jamás conocida aparte de la gracia de Dios —gracia de Dios nuestro Padre (cp. Lc 2:14).[109]

Por lo visto, la frase «gracia y paz» en los saludos de una carta del tiempo de Pablo se correspondía a una fórmula común en el mundo grecorromano, pero cobró un nuevo significado al ser entendida como algo que viene de parte de Dios y se basa en la obra redentora del Señor

---

[108] Hendriksen, 1982, pp. 240-241.
[109] Nielson, 1965, p. 386.

Jesucristo. No debemos olvidar que somos salvos por gracia y que el resultado de nuestra justificación es la paz con Dios (Ef 2:8; Rm 5:1).

> ¿Es Pablo anciano en edad o en referencia a su autoridad pastoral?

> *Presbytēs* significa "anciano", pero usualmente conlleva la connotación de autoridad. Así, en la antigua Esparta, el cuerpo gobernante era llamado una *gerousia* (de *gerōn*, "anciano"). Paralelo a esto está la palabra latina *senatus* (de *senex*, "persona mayor"). En la antigüedad, la sabiduría y la autoridad se asumía que iban con la vejez. Aquí, sin embargo, el énfasis en la condición de debilidad y de envejecimiento del apóstol es debido al uso de *toioutos ōn* (lit., «siendo como soy»; cp. RVC, «que ya [Pablo] soy anciano»).[110]

El párrafo de este comentario es una buena demostración de un comentario exegético que busca develar, desde los idiomas originales, el significado de las palabras o frases que estamos estudiando. Debido a que la palabra "anciano" tiene varias connotaciones, tanto para referirse a una persona mayor como a alguien con autoridad, era necesario confirmar a cuál de esas dos acepciones se refiere este versículo. Lo que sí queda claro es que la acepción revela tanto a una persona mayor como a alguien con autoridad y sabiduría.

> Desconozco el contexto de esclavitud durante el Imperio romano. ¿Qué significaba que Filemón, siendo cristiano, tuviera esclavos?

> Dentro de las democracias griegas existió la esclavitud, y el tiempo en que sus ciudadanos fueron libres para los asuntos del estado, fue hecho posible gracias al trabajo de los esclavos. En el Imperio romano las grandes propiedades rurales eran cultivadas por esclavos, y los esclavos hacían también gran parte de la labor urbana y atendían la mayor parte del servicio doméstico en las casas de las familias que podían pagarlo. La suerte de los esclavos frecuentemente era infeliz, y la opinión pública sancionaba el uso del látigo contra ellos, así como su muerte cuando habían dejado de ser útiles y su venta a precios reducidos cuando envejecían. [...]

---

[110] Ruprecht, 2005, Vol. 12, p. 639.

EJERCICIO PRÁCTICO DE APLICACIÓN HERMENÉUTICA II

> Mientras que Pablo mandó a los esclavos que obedeciesen a sus amos como esclavos de Cristo, haciendo su trabajo como a Cristo y no a los hombres, también exhortaba a los amos a que «dejaran de amenazar» a sus esclavos, recordándoles que no hay «acepción de personas» ante aquel que en el cielo es el amo tanto de los amos terrenales como de los esclavos. [...] Pablo también declaró que en el compañerismo cristiano no hay ni siervo [esclavo] ni libre, sino que «todos son uno en Cristo Jesús». [...]
>
> No era cosa rara que los paganos libertasen a los esclavos, pero muchos cristianos lo hacían también. Que muchos creían que existía una íntima conexión entre su fe y este acto, se ve en el hecho de que la manumisión [dar libertad al esclavo] era frecuentemente solemnizada en un templo y que para ello se escogía uno de los grandes días festivos, especialmente el Domingo de Resurrección. Cerca del fin del primer siglo, se dieron casos de algunos cristianos que voluntariamente se hicieron esclavos para rescatar a otros de la esclavitud.[111]

Estamos usando otra fuente de referencia para responder a esta pregunta. Libros de historia de la iglesia o de contexto cultural e histórico pueden ser de gran ayuda para darnos a entender una realidad a la que ya somos ajenos porque estamos a una gran distancia histórico-cultural de la época en que Pablo escribió la carta a Filemón.

Ahora hemos descubierto desde la introducción, y con un acercamiento mayor al tema, que la esclavitud era un estado al que pertenecía una gran parte de la población en la sociedad en la que se desenvolvía Pablo. Sin embargo, el apóstol, en sus epístolas, supo imponer una cosmovisión cristiana basada en el evangelio para que los cristianos, aun viviendo en el mundo, pudieran ir aplicando los principios del reino de los cielos y la vida nueva en Cristo a las dimensiones personales y sociales en las que les tocaba vivir. Esta carta es una muestra de esa vitalidad espiritual que llevaba a Pablo a pedir lo imposible y le dice a Filemón que no solo perdone a su esclavo fugitivo, sino que lo reciba como un hermano en Cristo.

> ¿Qué implica que Pablo escriba su deseo de pagar cualquier deuda con su propia mano?

---

[111] Latourette, 1983, Vol. I, pp. 301-302.

Las maniobras sutiles de Pablo con Filemón en los versículos 8-22 solo se entienden a la luz del antiguo sistema de patronazgo, el cual funcionaba en muchos niveles diferentes de la sociedad grecorromana. Como el propietario y cabeza de hogar, Filemón era, en todos los sentidos, el patrón o amo de Onésimo. El hecho de que Pablo se entrometa en las relaciones de familia —porque los esclavos eran considerados parte de la familia— requería de la mayor delicadeza y de un pedido doble.

(1) Pablo debería ser superior y patrón de Filemón o, si son completamente iguales, Filemón debe tener una deuda de amistad, la cual Pablo puede reclamar como un reembolso necesario de la misma. Esa es la razón por la que sutilmente le sugiere a Filemón que le debe a él, por decirlo así, a sí mismo (v. 19). ¡La vida eterna es de hecho una deuda de gran importancia!

(2) Pablo debe establecer que él tiene cierto reclamo de patronazgo sobre el esclavo Onésimo. Era la responsabilidad del patrón pagar las deudas de los miembros de su hogar, sin embargo, Pablo intercede directamente por Onésimo, cuando dice: «Y si te ha perjudicado en alguna forma, o te debe algo, cárgalo a mi cuenta. [...] Yo lo pagaré» (vv. 18, 19). Esto es un acto inequívoco de un patrón, y hace que la intercesión de Pablo por Onésimo sea sumamente efectiva [...]

Pablo añade una nota conclusiva de su propia mano en otras cartas. Es probable que Pablo dicte sus cartas, pero quizás suscribe sus propios saludos como una legitimación de la carta.[112]

Ahora tenemos un entendimiento más claro del pedido de Pablo dentro de la realidad cultural grecorromana al respecto de la esclavitud. Pablo tuvo que actuar con mucho cuidado y sutileza para hacer el pedido a Filemón. Realmente estaba pasándose de la línea, si es que se puede decir tal cosa, al involucrarse en un tema tan delicado y personal para Filemón y su familia. La importancia de recalcar que sus palabras las escribe con su propia mano es otra forma de reconocer el valor que le está dando a su petición y también la seriedad de su disposición a pagar cualquier perjuicio o deuda pendiente por parte de Onésimo a Filemón. Entenderlo de esa manera y con tal responsabilidad me hace pensar que muchas veces debemos pagar el precio más alto al querer

---

[112] Clinton, 2002, p. 516.

vivir para Cristo y conforme a los principios y ordenanzas transformadores del reino de los cielos.

> La gracia con el espíritu es algo nuevo para mí. ¿Qué significa exactamente?

Por última vez, Pablo saca todo el tema desde su perspectiva secular, social, moral y material a la perspectiva espiritual. Filemón debía pensar en la *gracia* de nuestro Señor Jesucristo. Debía pensar en lo que la gracia había hecho ahora por Onésimo. Debía pensar en cómo tal gracia fue manifestada en el calvario. Debía mirar a Onésimo a la luz de la gracia de nuestro Señor Jesucristo.

Filemón debía pensar también en el Señor Jesucristo. Una vez más, Pablo pronuncia todo el amoroso nombre sagrado para que Filemón pueda pensar una vez más en la gloriosa persona y en la posición del Salvador. Debía mirar al Señor Jesucristo para luego mirar a Onésimo. Debía mirar a Onésimo para luego mirar de vuelta al Señor Jesucristo. Luego debería decidir qué hacer.

Y debía recordar que él es *nuestro* Señor Jesucristo, el de Filemón, Epafras, Lucas, Aristarco, Demas y aun el Señor Jesucristo de Onésimo. Todo el cuerpo debería ser afectado por su decisión.

«La gracia del Señor Jesucristo sea *con el espíritu de ustedes*» [énfasis del autor]. La decisión, en el análisis final, era espiritual. Afectaría la propia vida espiritual de Filemón. Podría ser más rico o pobre materialmente por la decisión que tomase con respecto a Onésimo, pero no era lo uno ni lo otro. Sí sería ciertamente más rico o más pobre espiritualmente.[113]

Las palabras finales de Pablo no solo fueron palabras formales de despedida, sino que presentaron una profunda realidad espiritual innegable. Todo lo que Pablo propone descansa sobre dos grandes columnas de gracia:

| Gracia a ustedes y paz de parte de Dios nuestro Padre y del Señor Jesucristo (v. 3). | Te ruego por mi hijo Onésimo, a quien he engendrado en mis prisiones (v. 10). | La gracia del Señor Jesucristo sea con el espíritu de ustedes (v. 25). |

---

[113] Phillips, 2002, p. 265.

Esa gracia inmerecida y abundante que se derrama sobre nosotros debe impactar y derramarse sobre nuestro carácter, nuestros actos y cada área de nuestras vidas. Nuestro Señor Jesucristo nos dijo con absoluta claridad: «De gracia recibieron, den de gracia» (Mt 10:8).

Finalmente, los libros nos han ayudado a profundizar en nuestra excavación arqueológica del texto bíblico, y los especialistas nos han ayudado a entender las formas que van apareciendo a medida que nos adentramos más profundamente en las Escrituras. Creo que has percibido cómo Filemón ha ido cobrando vida y significado desde nuestro propio trabajo individual hasta las colaboraciones de los especialistas, que nos entregaron conocimiento y sabiduría no solo para comprender a cabalidad el texto bíblico, sino también para llevarlo a la práctica.

Los especialistas informados: la inteligencia artificial (IA)

Los tiempos han cambiado mucho y la tecnología ha producido una herramienta en la inteligencia artificial que está revolucionando el conocimiento y la forma en que nosotros aprendemos o entendemos lo que pasa a nuestro alrededor. Podríamos definirla como una colección de tecnologías que usan algoritmos para hacer posible que las máquinas realicen tareas que típicamente requieren de la inteligencia humana. Los sistemas de IA pueden aprender, resolver problemas, percibir y entender el lenguaje.[114] La IA puede ser aplicada a muchas áreas, incluyendo la teología y, en nuestro caso, la hermenéutica.

Conversando con mi amigo Alberto García, ingeniero en computación, me hizo notar lo valioso que puede ser usar la inteligencia artificial para, por ejemplo, obtener respuestas hermenéuticas a las preguntas que nos hemos hecho en la sección de certezas y dificultades. Sin embargo, él mismo me mostró su preocupación debido a que las personas podrían recibir estas respuestas (que pueden llegar a ser bien completas) como la verdad última y fidedigna que no requiere de mayor revisión, análisis o trabajo posterior de nuestra parte. Usarla como una herramienta que ocupe por completo el lugar de nuestra propia investigación y hasta de nuestro propio cerebro podría ser un grave error que terminará en desastre.

---

[114] La mayor parte de esta definición la obtuve cuando puse "definición de inteligencia artificial" en Google y la página me brindó un resumen generado por inteligencia artificial.

Ejercicio práctico de aplicación hermenéutica II

Si uno tiene una mente curiosa y se hace muchas preguntas, puede usar la inteligencia artificial para obtener buenas respuestas de forma rápida y seguir así con su proceso inquisitivo. El problema, nuevamente, es que se está viendo a la IA como un sustituto del trabajo requerido para llegar a la verdad y no como una herramienta que facilita el trabajo.

Lo que realmente hace la IA es recopilar grandes cantidades de información de diferentes fuentes y presentarla de una manera más ordenada y mucho más completa. Esa respuesta puede producirse desde varios ángulos y análisis diversos, pero debe considerarse como una herramienta para desarrollar nuestro propio pensamiento y no como un resultado final, como el estudiante que ya no hace la investigación para escribir un ensayo y le pide a la IA que le haga el trabajo porque solo quiere entregarlo para recibir una calificación, pero sin haber aprendido nada. Esa actitud desdibujaría por completo el perfil del cristiano apasionado por aprender las Escrituras para alcanzar sabiduría y darle la gloria a Dios con su vida.

Es bastante seguro que cuando leas este libro habrá en el mundo virtual muchas más herramientas de inteligencia artificial que las que voy a mencionar en este momento. Sin embargo, solo quisiera mencionar un ejemplo de respuesta provista por la inteligencia artificial. Las dos herramientas usadas han sido ChatGPT[115] y Perplexity,[116] dos motores de inteligencia artificial. Es importante reconocer que las respuestas dentro de la plataforma gratuita no tienen la complejidad que se obtiene cuando se paga por el servicio. Veamos a continuación la respuesta a una de nuestras preguntas hermenéuticas al texto de Filemón.

> ¿Qué significa que Pablo le diga a Filemón que reciba a Onésimo como un hermano en «la carne» y «en el Señor»?

Lo primero que debemos considerar al usar los programas de IA es que tenemos que empezar con una afirmación general introductoria que guíe al motor en la pregunta que seguirá a continuación. Se podría escribir lo siguiente: «Te voy a hacer un grupo de preguntas sobre textos bíblicos y me gustaría leer tu análisis desde un punto de vista bíblico».

---

[115] ChatGPT: https://chatgpt.com/.
[116] Perplexity: https://www.perplexity.ai/.

El motor de IA también responderá y se dispondrá a plantear sus respuestas desde una perspectiva hermenéutica sobre los textos bíblicos planteados. Veamos la respuesta que obtuvimos a nuestra pregunta:

En la carta de Pablo a Filemón, el apóstol le instruye que reciba a Onésimo «como un hermano en la carne y en el Señor» (v. 16). Esta expresión tiene un profundo significado tanto en el contexto social de la época como en la teología cristiana.

Relación social y familiar: al referirse a Onésimo como un hermano «en la carne», Pablo destaca la relación humana y social que existe entre ellos. Onésimo, quien había sido esclavo de Filemón, ahora se presenta como alguien que ha sido transformado por su fe en Cristo. Esta frase implica que, aunque Onésimo fue un esclavo, su nueva identidad en Cristo trasciende esa condición. Pablo está pidiendo a Filemón que lo vea no solo como un antiguo esclavo que le debe, sino como un miembro de su propia familia espiritual y social.

Identidad espiritual: la expresión «en el Señor» enfatiza la nueva vida espiritual que Onésimo ha recibido al convertirse al cristianismo. Pablo señala que ambos, Filemón y Onésimo, son ahora hermanos en Cristo, lo que implica una igualdad fundamental ante Dios. Esta noción de hermandad espiritual es crucial en el cristianismo, ya que todos los creyentes son considerados miembros del mismo cuerpo de Cristo, independientemente de su estatus social o antecedentes.

Transformación de relaciones: la solicitud de Pablo no es solo una cuestión de reconciliación personal, también aborda las estructuras sociales de la época. Al pedir a Filemón que reciba a Onésimo como un hermano, Pablo está promoviendo una visión radical de igualdad y amor cristiano que desafía las normas sociales del tiempo. Esto puede verse como un precursor del pensamiento abolicionista, donde la dignidad humana es reconocida por encima de las divisiones sociales.

Es importante recalcar que esta respuesta no surge de la nada, sino que el motor de la inteligencia artificial tiene la capacidad para buscar y ordenar respuestas de una manera compleja de entre muchas

Ejercicio práctico de aplicación hermenéutica II

fuentes disponibles. Al final de la respuesta, la IA entrega una lista de sus fuentes:

[1] https://cdn.pbc.org/Main_Service/1968/03/24/0258sp.html/.
[2] https://www.indubiblia.org/nuevo-testamento-1/filemon-1/.
[3] https://www.gotquestions.org/Espanol/Onesimo-en-la-Biblia.html/.
[4] https://es.btsfreeccm.org/local/lmp/lessons.php?lesson=PPE4text/.
[5] https://www.biblegateway.com/passage/?search=Filem%C3%B3n&version=RVR1960/.
[6] https://www.biblegateway.com/passage/?search=Filem%C3%B3n+8-22&version=LBLA/.
[7] https://es.enduringword.com/comentario-biblico/filemon-1/.
[8] https://www.bible.com/es/bible/149/PHM.1.1-25.RVR1960/.

No puedo negar que se trata de una respuesta bastante completa. Sin embargo, debo recalcar que no podemos perder de vista el discernimiento que debemos tener para con este tipo de respuestas, así como la responsabilidad que tenemos al evaluar las respuestas y la veracidad de los libros consultados en la sección anterior. Es muy importante que consideremos el origen y la teología de las fuentes para poder esclarecer su autenticidad. No puedo dejar de enfatizar la necesidad del trabajo personal individual que realizamos en el capítulo anterior como base imprescindible que nos sostiene y entrega una comprensión básica del texto que estamos estudiando.

Estamos terminando, entonces, con el desarrollo de un modelo práctico de trabajo hermenéutico. Usamos la representación del trabajo de un arqueólogo, quien de manera delicada, constante y laboriosa va usando sus herramientas para desenterrar aquello que está escondido a los ojos humanos. Esa labor es personal y apasionada, y se fundamenta en nuestro amor por el Señor y nuestro deseo por conocer, obedecer y amar a nuestro Dios y su Palabra.

Nadie puede ni debe hacer el trabajo por nosotros. Sin embargo, la labor hermenéutica es ciertamente un cometido personal, pero también es una labor comunitaria que se comparte con toda la iglesia del Señor, en este caso, con nuestros pastores, líderes y hermanos de nuestra iglesia local. Pero no solo nuestra iglesia nos ayuda, sino también nuestros hermanos de diferentes épocas que nos han dejado los resultados de su esfuerzo hermenéutico para que podamos disfrutar y aprender de su sabiduría.

Finalizamos este capítulo y este ejercicio volviendo a David y su cántico apasionado por las Escrituras:

¡Cuánto amo tu ley!
Todo el día es ella mi meditación.
Tus mandamientos me hacen
más sabio que mis enemigos,
porque son míos para siempre.
Tengo más discernimiento
que todos mis maestros,
porque tus mandamientos
son mi meditación.
Entiendo más que los ancianos,
porque tus preceptos
he guardado. (Sal 119:97-100)

Nada puede suplantar la meditación y el esfuerzo personal. Podríamos añadir una frase contemporánea a esta lista y quizás decir: «Entiendo más que ChatGPT porque me propuse meditar profundamente en tus mandamientos».

Todo este libro tiene como propósito que alcancemos los conocimientos suficientes y nos propongamos adquirir una buena base antes de usar cualquier otra herramienta externa, para que cuando las usemos se beneficie nuestro propio estudio, se fortalezcan nuestras propias convicciones y se despejen las dudas a las que ya estábamos buscando respuesta.

CONCLUSIÓN
La aplicación de la Palabra de Dios a la vida

Entramos a la última etapa de nuestro estudio de las Escrituras. Hasta el momento hemos visto el estudio de la Palabra de Dios de una manera sistemática y ordenada. Ahora responderemos a la pregunta: ¿cómo aplicamos la Biblia?

En los dos últimos capítulos desarrollé un método de estudio sistemático que nos permitiera tener una visión panorámica de aquello que vamos registrando alrededor de nuestro estudio de la Palabra de Dios. He señalado que hay cuatro pasos básicos para estudiar la Palabra. Los tres primeros son: leer, registrar y reflexionar. Ahora entramos al punto más importante luego de haber comenzado este proceso significativo y ordenado en donde queremos mostrar nuestras certezas y nuestras dificultades, entender las divisiones del texto y poder reconocer lo que los otros comentaristas dicen sobre aquello que estamos aprendiendo. Ahora ha llegado el momento de encontrar la aplicación para nuestras vidas.

Nuevamente reitero: la sabiduría hebrea demanda la aplicación del conocimiento. Un sabio no es alguien elocuente que expresa de una manera ordenada determinadas verdades, sino, más bien, alguien que aplica la verdad en su corazón y luego es capaz de hacerla visible en su propia vida para darle la gloria a Dios en todo lo que hace y emprende.

El valor de la aplicación

La aplicación es el paso más olvidado, pero el más necesario en el proceso del estudio bíblico. Debemos entenderlo, afirmarlo, buscarlo y no dejar que nuestro estudio bíblico acabe simplemente como un entendimiento o asentimiento meramente intelectual de la Palabra de

Dios. El proceso de estudio debe llevarnos a un momento determinante cuando respondamos a las siguientes preguntas: *¿Cuál es la diferencia práctica que el estudio de la Biblia puede producir en mi vida? ¿Cuáles son las demandas que la Palabra de Dios está produciendo, de tal manera que tiene que generar en mí una acción en alguna dirección, un cambio contundente en mi comportamiento, una decisión que tomar, un movimiento en cuanto a la forma en que vivía, pensaba o actuaba?*

Debemos producir en nuestro estudio bíblico un hambre por la Palabra de Dios que nos haga preguntarnos en oración: «Señor, ¿qué es lo que esperas que haga después de conocer aquello que me has entregado?». ¿Por qué? Porque básicamente hay quienes piensan que la Biblia ha sido escrita solo para satisfacer la curiosidad religiosa. Hay muchas personas que se acercan a las Escrituras buscando encontrar diferentes respuestas a temas doctrinales, preguntas existenciales, soluciones para determinados conflictos teológicos o simplemente para satisfacer curiosidades diversas. Sin embargo, la Biblia no ha sido escrita para satisfacer la curiosidad, sino que ha sido escrita para ponerla en práctica, para obedecer a nuestro Dios, para poder hacer su voluntad.

La Biblia tampoco ha sido escrita para que nuestro estudio nos haga obtener algún tipo de credencial académica. La Biblia no tiene ninguna intención de darnos un grado académico universitario. No se trata de que nos recibamos de teólogos. Lo que sí espera el Señor es que aprendamos y lleguemos a ser sabios en el temor del Señor (Pr 1:7).

Aunque la Biblia no ha sido escrita para satisfacer nuestra curiosidad ni tampoco para darnos una credencial académica, sí ha sido escrita para transformar nuestra vida, para renovarnos en el espíritu de nuestra mente, para darnos la oportunidad de poder caminar de una manera distinta en nuestra propia vida, empezando por nuestra relación con Dios, descubriendo el corazón de Dios, su carácter, aprendiendo a caminar con él, a reconocerlo y vivir conforme a su voluntad. La Biblia no puede ser intelectualmente fascinante y, al mismo tiempo, espiritualmente infructuosa.

Me encanta ir a los estudios bíblicos, me fascina leer libros y comentarios, me desafían las discusiones teológicas, pero si todo eso no está produciendo en mí que cada día me parezca más a Jesucristo, entonces hay algo que no está funcionando de forma adecuada, y justamente tiene que ver con el hecho de que mi proceso de estudio ha olvidado responder la pregunta más importante.

¿Qué hago ahora con la Escritura?

Podría parafrasear a Sócrates, el famoso filósofo griego de la Antigüedad, que solía decir: «Solo sé que nada sé». ¡Es verdad! Es una gran afirmación que requiere de una sesuda interpretación y reflexión. Pero quisiera añadir: «Solo sé que nada sé, pero si algo sé, ¿qué voy a hacer con eso?».

Creo que es importante que entendamos que, si conocemos algo del Señor, debemos saber qué vamos a hacer con ese conocimiento, cómo es que ese entendimiento nos lleva a una práctica particular, cuál es el desafío concreto de conocer determinados atributos de Dios, cuál es la demanda práctica que el Señor requiere de nosotros cuando somos expuestos a su gran narrativa.

Los mandamientos de Dios son evidentemente prácticos, requieren de nosotros una acción, pero sería bueno que pongamos en algún lugar de nuestro escritorio —o allí donde solemos estudiar la Palabra de Dios— esta frase: «Solo sé que nada sé. Y si sé, ¿qué?».

Lo que debemos anhelar es una respuesta en términos prácticos, la aplicación vital como una respuesta de nuestra parte. Tan simple como la respuesta humana del cristiano ante las demandas o las verdades de Dios.

¿Qué buscamos en la aplicación?

La aplicación, definitivamente, está vinculada íntimamente a nuestra interpretación. Lo que hemos visto en este pequeño libro nos debe llevar a la búsqueda diligente de una respuesta práctica. Este es el último paso de profundización en el trabajo mismo que estamos haciendo en este proceso hermenéutico al interpretar correctamente las Escrituras. Por eso añado estas tres preguntas, que son como una escalera que nos lleva justamente a interpretar correctamente y a aplicar esa interpretación en nuestras vidas:

- ¿Qué dice el texto? Ese es el primer paso objetivo y fundamental en nuestro estudio de la Palabra. ¿Qué dice el texto? ¿De qué trata? ¿Cuál es la historia? ¿Cuál es la enseñanza? ¿Cuál es el punto fundamental?
- ¿Qué significa ese texto? Ver las implicancias del texto y su interpretación para nuestras vidas.

- ¿Cómo funciona? Tiene que ver con la aplicación en nuestra propia vida. ¿Qué hacemos con este texto en la medida que el Señor nos está instruyendo sobre una realidad que ahora tenemos que hacerla ver reflejada en nuestra propia vida? ¿Qué hacemos nosotros con el texto de manera particular?
- La aplicación es estrictamente el punto culminante de la interpretación, el espacio donde queremos ver en operación lo que hemos pasado mucho tiempo leyendo en el manual de funcionamiento. A veces, los manuales de funcionamiento de un equipo electrónico tienen muchas páginas que, a nosotros, los latinoamericanos, no nos gusta leer, sino que vamos directamente a presionar botones. Pero si queremos ser eficientes y prudentes, sería bueno que leamos a cabalidad el manual del fabricante.

Cuando leo el manual, no me quedo tranquilo, sino contento, aunque todavía no satisfecho. Ya sé exactamente cómo funciona el aparato. Pero no todo termina allí. Ahora quiero verlo en operación. Lo mismo sucede con la Palabra de Dios: ya sabemos qué es, qué significa y cómo está dividida, pero ahora queremos saber cómo opera, queremos ver la manifestación de su poder y cómo produce el resultado esperado. Si es un microondas, que caliente la comida; si es un equipo de sonido, queremos escuchar su alta fidelidad; si es un televisor, queremos ver su imagen; ¡queremos ver cada equipo del manual en operación! ¿Cómo vemos en operación la Palabra de Dios en nuestra vida? ¿Qué es lo que debemos hacer para que esa fidelidad que el Señor promete se cumpla en nuestras vidas? Ese es justamente el secreto de la aplicación.

Seis falsos sustitutos en la aplicación

Tenemos que cuidarnos de estos falsos sustitutos en la aplicación. Debemos estar muy atentos porque solemos creer que la aplicación es algo que en realidad no es. Veamos esos seis puntos:

1. *Conocimiento por experiencia:* tendemos a creer que la aplicación es adquirir conocimiento en vez de experiencia. «¡Oh! Mira cuánto sé; por lo tanto, llegué a la cúspide con respecto a mi estudio de la Palabra. Adquirí conocimiento». Sin embargo, nuevamente lo repito: el conocimiento sin aplicación no significa nada

para la sabiduría bíblica. La sabiduría bíblica es el conocimiento experimentado en la vida; no basta saberlo, hay que vivirlo.
2. *Interpretación por responsabilidad:* a veces pensamos que nuestra única responsabilidad es interpretar. Puedo tener la mejor de las interpretaciones, la más correcta y ortodoxa de todas; sin embargo, esa interpretación correcta me hace responsable ante la verdad de Dios, y no solamente para difundirla, sino para vivirla, para manifestar sus efectos, para dar a conocer de forma evidente sus resultados en mi propia vida. ¿Cómo luce la verdad de Dios en la vida de un creyente? ¿Qué es lo que pasa cuando un creyente vive de acuerdo con todo el consejo de Dios? ¿Cómo es que debo lucir? Eso produce en mí no solamente la responsabilidad ante la interpretación correcta, sino la responsabilidad ante la aplicación correcta y la forma en que modelo a Jesucristo en mi vida diaria.
3. *Fidelidad intelectual por cambio de vida:* otro sustituto es la fidelidad intelectual en vez del cambio de vida. «Yo respondo con fidelidad a esta corriente teológica o estoy de acuerdo con los siguientes autores, que son tan fieles como yo a esta línea particular de pensamiento doctrinal». Sin embargo, la fidelidad intelectual —si considero que estoy interpretando correctamente las Escrituras— también tiene que producir un cambio de vida, una transformación de mi corazón, un cambio en mi comportamiento, una renovación en mi mente que producirá acciones diferentes que glorifican al Señor. La fidelidad intelectual no es la meta ni nunca sustituirá u ocupará el lugar del cambio de vida. El Señor nos invita a vivir una vida distinta, a vivir en renovación de nuestra existencia, como lo demuestran todos los personajes que conocemos en las Escrituras.
4. *Racionalismo por arrepentimiento:* puedo analizar claramente los conceptos de las Escrituras, los puedo racionalizar, dividir, ordenar, argumentar, defender y puedo descubrir lo que el Señor tiene reservado para un creyente. Sin embargo, eso nunca podrá sustituir la necesidad del verdadero arrepentimiento personal, de un cambio de actitud personal ante la realidad de la grandeza de Dios.

Al caminar y transitar fielmente por las Escrituras, es indudable que deberá producirse arrepentimiento en nuestro corazón, porque como dice la palabra: «Ni los caminos del Señor son los nuestros, ni sus pensamientos los nuestros» (Is 55:8). Por lo tanto, cada vez que nos enfrentamos de manera real y profunda a las Escrituras, algún tipo de convicción de pecado y necesidad de arrepentimiento se producirá. Estamos hablando de arrepentimiento en el sentido bíblico de cambio de actitud ante la santidad y la verdad de Dios que hace descubrir mis propias mentiras y, por lo tanto, ser guiado hacia un arrepentimiento genuino, un reconocimiento sincero de que no estaba andando como correspondía y que el Señor me está guiando, una vez más, hacia el camino correcto.

5 *Sentimentalismo por acción decidida:* el sentimentalismo tiene que ver con el hecho de que me siento profundamente conmovido con lo que dice la Palabra del Señor, con la forma en que el Señor trabajó en los personajes bíblicos, pero ese sentimiento profundo, esa convicción emocional, no me está guiando hacia un cambio práctico de vida. Suelo conmoverme con una buena película, una canción o un poema, pero esa película no necesariamente me mueve un centímetro más allá del sillón del cine. Pueden correr ríos de lágrimas por mis ojos y puedo admirar la trama y cuán movido se siente mi corazón ante lo que veo, pero luego continúa mi vida sin ningún cambio. Por el contrario, cuando somos realmente afectados por la verdad de la Palabra debemos preguntarnos: «Señor, ¿qué debo hacer ahora que has conmovido mi corazón?». No podemos sustituir la aplicación con meros sentimientos.

6. *Novedad por aplicación:* yo no busco aplicar la Palabra, solo me satisface descubrir algo nuevo. ¿Qué cosa nueva estoy aprendiendo, qué nueva doctrina? ¿Qué nueva verdad va apareciendo en la Escritura? ¿Qué nuevos temas teológicos se están presentando? ¿Qué está de moda? Esa persona está continuamente estudiando, buscando, leyendo, escuchando, pero nunca se detiene finalmente a aplicar la Palabra de Dios. Novedad tras novedad; conferencia tras conferencia; sermón y predicador tras sermón y predicador; clase tras clase; novedad tras novedad; libro tras libro; pero nunca llega a preguntarse: «Y ahora, ¿qué hago con esto? ¿Cómo funciona esto en mi vida?».

Somos muy propensos a la entretención teológica, pero no al cambio personal. Es importante que estemos atentos a estos sustitutos de la aplicación bíblica, porque nos vemos sometidos a ellos de una manera constante más de lo que podemos imaginar. Por eso, debemos recordar continuamente las palabras de Santiago:

> Sean hacedores de la palabra y no solamente oidores que se engañan a sí mismos. Porque si alguien es oidor de la palabra, y no hacedor, es semejante a un hombre que mira su rostro natural en un espejo; pues después de mirarse a sí mismo e irse, inmediatamente se olvida de qué clase de persona es. (St 1:22-24)

Buscar la aplicación de la Palabra de Dios en nuestras vidas es convertirnos en hacedores de la Palabra y no solamente oidores. No solamente saber lo que sucede en la Palabra, sino que pueda ver lo que me sucedería al hacer mía la Palabra, que pueda descubrirme a mí mismo frente a la Palabra. Ese es el ejercicio que Santiago está proponiendo a los cristianos. No puedo ser solamente un oidor, tengo que ser un hacedor. Tiene que haber algo que pase en mí al verme reflejado en el cristal inmaculado de la Palabra de Dios.

Es urgente y fundamental que añadamos a nuestro estudio bíblico el criterio de aplicación. No se trata solo de las aplicaciones que recibimos de parte de los pastores y maestros, quienes a veces pueden pensar en algún tipo de aplicación para nosotros que no necesariamente tiene que ver exactamente con el contexto en el que estamos viviendo y por eso la descartamos. La responsabilidad de buscar la aplicación no debe descansar única y exclusivamente en el consejo del pastor o en la buena conclusión de su sermón, sino que es responsabilidad del cristiano, tiene que descansar en la persona que está meditando en la Palabra, que busca verse reflejado en ella, reconociéndose y no olvidándose de lo que ha visto.

Tres preguntas progresivas en la aplicación

No solamente vamos a añadir una hermenéutica bíblica correcta, sino que vamos a encontrar también una hermenéutica personal y vamos a tratar de combinar la hermenéutica bíblica con la hermenéutica personal a través de la respuesta a tres preguntas fundamentales.

Primera pregunta: ¿lo entiendo? ¿Entiendo el texto? ¿He pasado el tiempo suficiente con el texto como para entender lo que significa, lo que demanda o cuáles son las implicancias? En los capítulos anteriores hemos pasado bastante tiempo tratando de encontrar los fundamentos para poder interpretar un texto de manera correcta. Debemos hacernos la pregunta que le hizo Felipe al etíope: «¿Entiende usted lo que lee?» (Hch 8:30).

Uno de los peligros latentes es que vayamos entendiendo un texto a medias. Si no lo entendemos bien, entonces es muy probable que cometamos algún error en la aplicación o que no encontremos aplicación alguna. Responder a la pregunta «¿lo entiendo?» es culminar correctamente con la hermenéutica bíblica de un texto.

Segunda pregunta: ¿me entiendo? Esta pregunta tiene que ver con mi propia comprensión: ¿quién soy yo en relación con el texto? ¿Soy capaz de poder vislumbrarme y observarme en ese espejo de la Palabra de Dios y descubrir la confrontación, la exhortación, la consolación, la edificación que el Señor está promoviendo para mi propia vida? ¿El Señor me está mostrando mis debilidades, fortalezas, virtudes, defectos, pecado y mi falta de santidad? ¿El Señor está mostrándome un camino por el que debo andar o un camino por el que no debo transitar? ¿He analizado el texto profundamente a la luz de mi propia vida? No puedo aplicar sin responder profunda y sinceramente cómo el texto me está afectando y me hace descubrir quién soy y la posición espiritual y personal en la que me encuentro frente a su revelación.

Tercera pregunta: ¿ahora qué hago? Entender el texto es hermenéutica bíblica. Entenderme a la luz del texto es hermenéutica personal. Cuando junte esos dos elementos podré responder a la tercera pregunta. Cuando ya descubrí lo que el texto demanda y descubrí quién soy y cuán cerca o cuán lejos estoy de la verdad de este texto, ahora debo encontrar cuál es el camino que debo recorrer para obedecer aquello que el Señor está demandando.

¿Lo entiendo? ¿Me entiendo? ¿Ahora qué hago? Creo que estas tres preguntas son preguntas necesarias que también debemos colocar en un marco muy cerca del lugar en donde desarrollamos nuestro estudio personal y devocional de la Palabra.

Esta es la correlación de preguntas que debo hacerme al final de mi estudio bíblico y antes de cerrar la Biblia y mi cuaderno de notas: ¿he llegado a entender el texto ahora que me levanto de la mesa después de haber tenido mi tiempo con la Palabra? ¿Lo entendí? Si lo entendí, ¿me entendí a la luz del texto? ¿Cómo me veo ahora, a la luz de aquello que he leído? ¿Me veo bien? ¿Me veo mal? ¿Me veo peinado? ¿Me veo despeinado? ¿Me veo limpio? ¿Me veo sucio? ¿Me veo completo? ¿Me veo incompleto? ¿Me veo comandado por el Señor para realizar una acción? ¿Me veo empujado por la Palabra a tomar alguna decisión? Estas son preguntas que tengo que hacerme para poder encontrar la aplicación del texto para mi propia vida en un momento determinado.

Quisiera hacer otra advertencia muy importante. Los que estudiamos la Palabra solemos hacerlo principalmente para los demás: tenemos que dar una clase, nos toca enseñar en la escuela dominical, nos han invitado a hablar en el grupo de jóvenes, es nuestro turno de compartir en nuestro grupo pequeño. Eso nos lleva a ubicar el espejo en una dirección equivocada al poner la Palabra de Dios en dirección a los demás y ver a los demás reflejados en la Palabra, como si nosotros fuéramos simplemente agentes de información y de confrontación para otras personas. ¡Eso es inadmisible e incorrecto!

La aplicación personal al conocer bien y observarnos en la Palabra de Dios es fundamental para nuestra salud espiritual. Cada vez que compartamos la Palabra, empecemos por nosotros mismos, por nuestra propia responsabilidad al responder las preguntas: *¿Lo entiendo? ¿Me entiendo? ¿Y ahora qué hago? Solo sé que nada sé, pero si ahora yo sé algo, ¿qué hago con eso? ¿Cuál es el impacto que esa verdad tiene sobre mi propia vida?*

Quisiera compartir algunas preguntas prácticas adicionales que podemos hacernos con el texto bíblico a fin de poder encontrar una aplicación personal:

- ¿Qué descubro del carácter de Dios? ¿Qué características del Señor me llevan a adorarlo y seguirlo con todas mis fuerzas? ¿Cómo debo responder a sus atributos?
- ¿Hay algún ejemplo que seguir? Si estoy leyendo alguna narración, ¿hay un personaje que me llama la atención y que debo imitar por su confianza en Dios, por su valentía, por su seguridad, por sus palabras, por su firmeza, por su lucha contra el pecado?
- ¿Algún error que evitar? ¿Hay algo que estoy observando que es como una advertencia a mi propia vida al respecto de algo que tengo que evitar en mi propio corazón y comportamiento?
- ¿Hay algún pecado que limpiar? ¿Se ha manifestado en la enseñanza una realidad que ahora veo reflejada en mi propia vida y que debo limpiar de mi propio corazón?

- ¿Hay alguna promesa que reclamar de parte de Dios? Ahora descubro una verdad que viene de parte del Señor y que es para sus hijos; no había sido consciente de ella y ahora quiero vivirla y reclamarla por fe, quiero apropiarme de esa promesa para mi propia vida.
- ¿Alguna oración que considerar? A veces debo terminar orando, pidiéndole al Señor que intervenga en mi vida como lo hizo en el pasado, como lo demanda en su Palabra. ¿Alguna oración que considerar? ¿Algunas cosas más específicas por las que rogar al Señor?
- ¿Algún mandamiento que debo obedecer? ¿Cuál es ese mandamiento? ¿Cuál es la ordenanza de parte de Dios? ¿Qué es aquello que el Señor reclama? ¿Cómo lo obedezco?
- ¿Alguna condición previa que satisfacer? A veces puedo leer un texto y encontrar una bendición, pero a medida que voy aprendiendo sobre el texto, voy descubriendo que para que esa bendición se dé es necesario satisfacer ciertas condiciones previas. ¿Cuáles son las condiciones para obtener esto que el Señor está prometiendo? ¿Esto que el Señor está diciendo puede ser una realidad en mi vida?
- ¿Algún verso que memorizar? ¿Algo que debo recordar, que debo mantener en mi corazón, que no debo pasar por alto, que ahora tiene que formar parte de mi conciencia?
- ¿Algún desafío que enfrentar? ¿Alguna lucha que pelear? ¿Alguna batalla que ganar? ¿Algún obstáculo que cruzar?

Son preguntas sencillas, pero que nos pueden llevar a aplicar el texto bíblico. Como bien dice el apóstol Pablo:

> Así que, amados míos, tal como siempre han obedecido, no solo en mi presencia, sino ahora mucho más en mi ausencia, ocúpense en su salvación con temor y temblor. Porque Dios es quien obra en ustedes tanto el querer como el hacer, para su buena intención.
> Hagan todas las cosas sin murmuraciones ni discusiones, para que sean irreprensibles y sencillos, hijos de Dios sin tacha en medio de una generación torcida y perversa, en medio de la cual ustedes resplandecen como luminares en el mundo, sosteniendo firmemente la palabra de vida. (Flp 2:12-16a)

La aplicación de la palabra de Dios a la vida

Podemos darnos cuenta de que este texto es una profunda invitación a la aplicación. El apóstol Pablo se gloría de sus discípulos de Filipos porque ellos han obedecido. Una obediencia que no es solamente producto de la presencia física de Pablo, sino que se manifestaba incluso con el apóstol ausente. Una obediencia que surgía de una preocupación por vivir la salvación por completo. «Ocúpense en su salvación con temor y temblor», dice; no habla de miedo, sino de una preocupación seria por vivir y descubrir cómo funciona la salvación que el Señor nos ha entregado con un alto costo, cuáles son los elementos que la componen y cuáles son sus frutos. No se trata de una salvación que guardo en un cajón porque es un tesoro preciado que no quiero que nadie vea. Quiero descubrir sus aristas, quiero saber cómo opera, quiero saber cuán poderosa será en mi vida, quiero conocer con claridad qué es lo que me ha ofrecido el Señor a través de las buenas noticias del Evangelio que anuncian la obra de Jesucristo para redimirnos, perdonando nuestros pecados y dándonos vida nueva.

Lo más importante es que el Señor obra en nosotros tanto el querer como el hacer por su sola voluntad. El Señor produce en nosotros no solamente el querer conocer de su verdad, sino también el querer aplicarla de todo corazón en nuestras vidas. Eso viene del Señor, eso forma parte de la naturaleza y la identidad de la Palabra de Dios. La Palabra ha sido dada para que la apliquemos. Ya el Señor nos decía en Deuteronomio: «Las cosas secretas le pertenecen al Señor nuestro Dios, pero las reveladas nos pertenecen a nosotros y a nuestros hijos para siempre, a fin de que guardemos todas las palabras de esta ley» (Dt 29:29).

Hay muchas cosas que son misteriosas, que forman parte de los grandes secretos de Dios, pero lo que él ha revelado no es para que siga siendo misterioso, sino para que lo conozcamos bien y lo apliquemos igual de bien en nuestras propias vidas. Ese es justamente el secreto de la aplicación. Si tenemos un buen proceso de interpretación, lo que debemos buscar, finalmente, es la aplicación. Si analizamos el texto correctamente y tenemos la actitud correcta en nuestro corazón, siempre el texto nos va a empujar a preguntarnos: *y ahora, ¿qué hago con esto?*

Finalmente, quisiera que añadamos una columna de aplicación al ejercicio personal que realizamos en los últimos capítulos. ¿Qué es lo que el Señor me está demandando que haga de manera particular? ¿Entiendo el texto? ¿Me entiendo a la luz del texto? Ahora, ¿qué debo hacer? Qué debo hacer no en términos del resto de mi vida, sino en términos de qué es lo que debo hacer ahora, mañana, pasado, en la iglesia, con mis amigos, con mis compañeros de trabajo, conmigo mismo, qué cambios debo realizar, qué giros debo dar en mi existencia, detalles, grandes cosas, pecados por arrepentirme, situaciones por enfrentar, logros por alcanzar, llamados de Dios por obedecer.

Con esta sencilla exhortación a la aplicación cerramos el proceso de aprender a interpretar las Escrituras correctamente. A lo largo de estos capítulos te he guiado a través de la búsqueda por entender, aplicar y vivir la palabra de Dios en la vida. Toda Escritura tiene un poder único e inherente que puede lograr la transformación del individuo que la escucha y la aplica en su propia vida.

No estamos hablando de un libro cualquiera, estamos hablando de la Palabra de Dios que tiene poder para transformar nuestros corazones. La Palabra de Dios que, de acuerdo con ella misma, nos dice que es «viva y eficaz y más cortante que cualquier espada de dos filos. Penetra hasta la división del alma y del espíritu, de las coyunturas y los tuétanos, y *es poderosa* para discernir los pensamientos y las intenciones del corazón» (Hb 4:12; énfasis añadido). Ese es el poder de la Palabra. La Palabra de Dios nunca vuelve vacía (Is 55:11).

La Palabra de Dios manifiesta el evangelio, las buenas nuevas de salvación en Jesucristo. Nos presenta el plan amoroso planteado desde la eternidad por Dios mismo para redimir a su pueblo y derrotar al pecado y la muerte por la obra de Jesucristo. La Palabra tiene un poder renovador, un poder transformador, un poder que cambia nuestra alma para que nuestra vida glorifique al Señor, no solo con nuestras palabras, sino también con nuestros hechos.

Te invito a seguir este proceso continuamente en tu vida, como un ejercicio práctico en el que empezamos leyendo de la manera más sencilla y terminamos aplicando la Palabra de Dios en nuestras vidas. Si logras desarrollar este proceso, entonces, estaré más que satisfecho con este libro.

BIBLIOGRAFÍA

Atkinson, D. (1997). *The Message of Proverbs*. IVP Academic.

Bruce, F. F. (2012). *Hechos de los Apóstoles. Introducción, comentario y notas*. Libros Desafío.

Calçada Leticia, S. (Ed. Gral.). (2017). *Diccionario Bíblico Ilustrado Holman*. B&H Publishing House.

Cambridge. (2006). *Cambridge Advanced Learner's Dictionary*. Cambridge University Press.

Carrión, E. (Ed. Gral.). (2023). *Biblia Cronológica de Estudio*. Editorial Vida.

Clements, R. (1990). *Wisdom for a Changing Word: Wisdom in Old Testament Theology*. Sheffield Academic.

Clifford, R. (1998). *The Wisdom Literature*. Abingdon Press.

Clinton E., A. (Ed. Gral.). (2002). *Zondervan Illustrated Bible Commentary*. Vol. 3: *Romans to Philemon*. Zondervan.

Corley, B.; Lemke, S. W. & Lovejoy, G. (2002). *Biblical Hermeneutics. A Comprehensive Introduction to Interpreting Scripture*. B&H Academic.

Edersheim, A. (1988). *La vida y los tiempos de Jesús el Mesías*. Vol. I. CLIE.

English Standard Version. (2008). *English Standard Version Study Bible*. Zondervan.

Fee, G. & Stuart, D. (2007). *Lectura eficaz de la Biblia*. Vida.

Goldsworthy, G. (2010). *Gospel-Centered Hermeneutics. Foundations and Principles of Evangelical Biblical Interpretation*. IVP Academic.

Grudem, W. (1994). *Systematic Theology*. Zondervan.

Gunkel, H. (1998). *Introduction to Psalms. The Genres of the Religion Lyric of Israel*. Wipf & Stock.

Harrison, R. K. (2016). *Introduction to the Old Testament*. Hendrickson Academic.

Hendricks, H. G. & Hendricks, W. (2007). *Living by the Book. The Art and Science of Reading the Bible*. Moody Publishers.

Hendriksen, W. (1979). *Comentario al Nuevo Testamento: 1–2 Timoteo y Tito*. Subcomisión de Literatura Cristiana de la ICR.

Hendriksen, W. (1981). *Comentario al Nuevo Testamento: el Evangelio según san Juan*. Subcomisión de Literatura Cristiana de la ICR.

Hendriksen, W. (1982). *Comentario al Nuevo Testamento: Colosenses y Filemón*. Subcomisión de Literatura Cristiana de la ICR.

Kaiser, W. (1998). *Toward an Exegetical Theology. Biblical Exegesis for Preaching and Teaching*. Baker Academic.

Kaiser, W. & Silva, M. (2007). *Introduction to Biblical Hermeneutics. The Search for Meaning*. Zondervan Academics.

Kistemaker, S. J. (2007). *Comentario al Nuevo Testamento: Hechos*. Libros Desafío.

Latourette, K. S. (1983). *Historia del cristianismo*. 2 Vols. Casa Bautista de Publicaciones.

Lawson, G. (2022). *Exposition of the Book of Proverbs*. Legare Street Press.

Lutero, M. (1823). *Bondage of the Will*. Hamilton. Disponible en: http://www.ctsfw.edu/etext/luther/bondage/BOW20.htm.

MacArthur, J. (2021). *Biblia de Estudio MacArthur*. Editorial Vida.

Martínez, J. (2013a). *Hermenéutica bíblica*. Editorial CLIE.

Martínez, J. (2013b). *Job, la fe en conflicto*. Editorial CLIE.

Mayhue, R. (1994). *Cómo interpretar la Biblia uno mismo*. Editorial Portavoz.

McDowell, J. (1982). *Evidencia que exige un veredicto*. Editorial Vida.

Miller, H. S. (1937). *General Biblical Introduction. From God to Us*. Word Bearer Press.

Nielson, J. B. (1965). *La epístola a los Colosenses*. Comentario Bíblico Beacon. Casa Nazarena de Publicaciones.

Núñez, M. (2017). *El poder de la Palabra para transformar una nación*. Poiema Publicaciones.

Osborne, G. R. (2006). *The Hermeneutical Spiral*. IVP Academic.

Phillips, J. (2002). *Exploring Colossians & Philemon. An Expository Commentary*. The John Phillips Commentary Series. Kregel Publications.

Ruprecht, A. A. (2005). *The Expositor's Bible Commentary*. Vol. 12: *Ephesians-Philemon*. Edición revisada. Zondervan.

Sproul, R. C. (2017). *¿Cómo estudiar e interpretar la Biblia?* FLET.

Stein, R. H. (1981). *An Introduction to the Parables of Jesus*. Westminster John Knox Press.

Tosaus, J. (1996). *La Biblia como literatura*. Verbo Divino.

Vila, S. (1990). *Manual de teología apologética*. Editorial CLIE.

Virkler, H. & Gerber, K. (2007). *Hermeneutics. Principles and Processes of Biblical Interpretation*. Baker Academic.